고수와의 대화, 생산성을 말하다

고수와의
대화,

생산성을 말하다

한근태 지음

저자의 말

지금 한국의 가장 큰 문제는 생산성이다. 생산성은 올리지 못하고 월급만 오르면서 경쟁력이 점점 떨어지고 있다. 생산성이 높으면 거기에 맞게 월급을 올려도 문제되지 않는다. 생산성과 상관없이 최저임금 인상, 52시간 근무로 급여는 기하급수적으로 올라가는 것이 가장 큰 문제다. 실감이 나지 않는다고? 그럼 한국, 일본, 중국 세 나라의 자동차 회사를 살펴보면된다. 바로 견적이 나온다. 특히 현장을 보면 된다. 어떤 이의표현에 의하면 일본이나 중국은 날아다니는데 한국은 경로당이 연상된다고 한다. 이런 상태로 한국 자동차 산업이 경쟁력을 유지할 수 있다면 그게 기적이다.

난 대기업 자동차 회사에서 몇 년간 현장 부서장을 했

다. 그때 고졸 출신이 대졸 출신보다 월급이 많다는 얘길 들었다. 잔업을 많이 하면 어떤 때는 대졸의 두 배 가까이 된다는 얘길 들은 적도 있다. 실제 그런 일을 경험하게 되었다. 고등학교를 나와 사무직으로 일하던 직원이 면담을 신청한 것이다. 고졸 출신인 그 친구는 회사에 들어와 야간대학을 다녀 사무직이 됐는데 월급 때문에 다시 고졸로 해서 현장에 돌아가겠다는 것이다. 그때 난 참으로 난감했다. 뭔가 정상은 아니란 생각이 들었다.

그렇게 월급은 많았지만 현장 분위기는 한마디로 놀고 먹는 분위기였다. 라인은 흐르는데 모두 느긋했다. 바쁜 기색이 전혀 없었다. 신문을 보고, 잡담을 하고, 담배를 피우고, 어슬렁거리고, 일을 하는 것인지 놀러 온 것인지 구분이 가지 않았다. 긴장감이 전혀 없었다. 그래서 생산성을 위해 컨베이어 속도를 높이자고 했더니 난리가 났다. 지금도 죽을 지경인데 사람 잡을 일 있냐는 것이다. 아니, 어떻게 사람들이 저럴 수가 있을까? 그러다 일본 기후현에 있는 기후차체란 곳으로 2주간 도요타 생산방식을 배우기 위해 연수를 갔다. 한여

름인데 라인에 있는 직원들은 뛰어다녔다. 눈에 불을 켜고 정말 미친 듯이 일했다. 더위를 먹고 두 명이나 쓰러져 병원에 실려간 일도 있었다. 같은 자동차 회사인데 하늘과 땅 차이였다. 그냥 보기에도 그들의 생산성이 우리의 세 배는 될 것 같았다. 그게 벌써 20년 전 일인데 지금은 더 벌어졌을 것이다.

자동차 산업만이 아니다. 사무직 생산성은 더욱 형편없다. 한번은 모 금융회사 신입 사원 교육을 갔는데 회장이 온다고 두 시간이나 예행연습을 시켰다. 어떻게 들어갔다, 어떻게 뒤돌아 나오고, 어떻게 임명장을 받고, 눈을 마주치고 어쩌구 저쩌구……. 강의 때문에 미리 가 있던 내 눈에는 기가 차 보였다. 회장이 뭔 대수라고 이 많은 직원들에게 그렇게 영양가 없는 일을 시키고 있을까? 그런데 행사 30분을 앞두고 회장이 안 온다는 통보가 왔다. 정말 기가 막히는 일이다. 2019년에 아직 이런 조직이 있다는 사실이 신기하다. 이런 조직이 살아남을 수 있을까?

정부기관이나 정치 쪽을 보면 정말 기가 막혀 말이 나오지 않는다. 아예 생산성이란 개념조차 없다. 아무것도 안 하는 것이 도와주는 것이다. 심지어 여자 골프가 잘되는 이유 중 하나가 관련 정부 조직이 없기 때문이라는 농담까지 나온다. 이러고도 국가가 살아남으면 그게 기적이다. 요즘 난 뉴스를 보지 않는다. 신문의 정치면은 아예 보려고 하지 않는다. 가슴이 터질 듯하다. 속이 답답하다. 도대체 이 나라가 어디로 가려는지 너무 걱정이 된다. 정말 하지 말아야 할 일을 어쩌면 그렇게 귀신같이 빠른 속도로 하는지 감탄하지 않을 수 없다. 가장 빠른 속도로 나라를 망치고 있다는 생각이 든다. 정부가 앞장서서 생산성을 떨어뜨리는 데 온 힘을 쏟고 있다. 생산성은 계속 떨어지고 임금은 계속 오르는 형국이다. 경쟁력을 가진 산업은 거의 없다시피 한데 급여는 세계 최고 수준이다. 모든 것이 생산성의 문제다.

　난 태생적으로 낙관적인 사람이다. 하지만 이 책은 비장한 심정으로 썼다. 이 상태로 가면 남미의 베네수엘라처럼 되겠다는 위기감에서 썼다. 나 역시 국민의 한 사람으로 뭔가 목소리를 내야겠다는 사명감 때문에 썼다. 지금 우리의 화두는 생산성이다. 지금 이 상태의 생산성을 개선하지 못하면 우리는 죽는다. 공무원이 안정적인 직업이라고? 그건 기업이 잘되고 세금이 잘 걷힐 때의 얘기다. 지금 이 상태가 계속되면 수년 내에 길도 못 고치고, 쓰레기도 못 치우고, 공무원들 월급도 못 주고 망하는 지자체가 속출할 것이다.

생산성을 올리면 살고, 못 올리면 죽는다. 정말 이럴 때가 아니다. 정부나 조직이나 개인이나 생산성에 목숨을 걸어야 한다. 생산성을 올리는 일은 하면 좋은 일이 아니다. 우리 생존이 걸린 문제다. 자칫하면 우리 모두가 이완용 소리를 들을 수도 있다. 동해 물과 백두산이 마르고 닳기 전에 사라질 수도 있다.

한근태

목차

1

단순함의 생산성

가치를
추구하라

20년 전 나는 책 한 권을 쓰는 데 몇 년씩이나 걸렸다. 글 한 편을 쓰려면 며칠씩 머리를 싸매야만 했다. 요즘에는 1년에 세 권 정도의 책은 큰 부담 없이 낸다. 특정 주제가 있으면 어렵지 않게 글을 쓴다. 그만큼 내 생산성이 올라간 것이다.

여러분은 생산성 하면 무엇이 연상되는가? 여러분의 업무 생산성은 어느 정도 되는가? 생산성이란 개념을 갖고 일하는가? 보통 생산성 하면 공장 사람들만의 어젠다로 생각한다. 나와는 상관없는 일로 여긴다. 그렇지 않다. 생산성은 공장은 물론 사무실에서 일하는 사람들도, 집 안에서 살림을 하는 사람에게도 모두 필요하다.

사실, 나는 생산성이란 말을 별로 좋아하지 않는다. 공장 생활을 할 때 너무 많이 들었기 때문이다. 그 당시 가장 많이 들었던 얘기는 도요타의 슬로건 '마른 수건도 짜낸다'는 말이다. 이 말을 들을 때마다 마음이 불편했다. 마른 수건을 짜라니? 마른 수건도 짜고 또 짜면 뭔가 나오겠지만 그렇게까지 해야 하는가 하는 회의가 생겼기 때문이다. 너무 빡빡하다는 생각이 들었다. 쓸데없는 비용은 당연히 줄여야 하지만 이미 허리띠를 졸라맬 대로 졸라맨 개인과 조직에게 생산성이란 어젠다가 과연 유효할까 의문을 품었다.

당시의 생산성 높이기는 원가절감과 같은 개념이었다. 출장을 줄이고, 비즈니스석을 타던 임원은 이코노미석을 타며, 과장급 이상은 주말에도 나오고 상여금을 반납하고, 업체를 불러 가격을 후려치며, 이면지를 사용하게 하고(그러다 회사의 중요한 기밀이 새 나가기도 했다), 사무실 전등을 반만 켜게 해서 흐린 날에는 창가 쪽에 앉아 일하기도 했다. 생산성을 올리려다 직원들 사기만 왕창 떨어뜨렸다.

생산성이란 무엇인가? 생산성은 성과를 투입 자원으로 나눈 것이다. 그렇다면 생산성을 올리는 방법은 두 가지뿐이다. 성과를 늘리든지, 투입 자원을 줄이는 것이다. 그런데 야근을 늘려 일을 더 많이 하는 것이 생산성에 도움이 될까? 그렇지 않다. 일단 시급이 비싼 야간에 일을 시키면 돈이 더 나간다. 장시간 노동은 생산적이지 않다. 이로 인해 몸이 피곤하면 당일은 물론 다음 날 생산성까지 떨어진다. 이래저래 효과적인 방법이 아니다.

내가 생각하는 생산성 향상 방법은 우리가 만들어내는 상품과 서비스의 가치를 올리고, 대신 상품과 서비스의 원가는 줄이는 것이다. 그렇기 때문에 가치 올리는 일과 원가 줄이는 일로 나눌 수 있다. 그런데 사람들은 가치 올리는 일은 생각하지 않고 원가 줄이는 일만 생각한다. 생산성을 높이라고 하면 가장 먼저 교육 예산, 연구개발 비용, 광고비를 줄인다. 하지만 이 세 가지 분야는 고객에게 주는 가치를 올리기 위한 필수적인 일들이다. 가능하면 이 부문의 비용을 줄이면 안 된다. 대신 개선을 통해 투입 자원을 줄여야 한다. 작업 순서를 변경해보고, 불필요한 작업을 줄이며, 부품이나 공구 넣는 장소를 변경하고, 일하는 환경을 정비해 작업 효율성을 높이는 것이다.

사무직은 커뮤니케이션 비용을 줄여야 한다. 불필요한 작업이나 중복 서류를 줄여야 한다. 혁신을 통해 투입 자원을 삭감하는 것도 필요하다. 공정을 줄이고, 부품 숫자를 줄이며, 설계 변경을 최소화하는 것이다. 일하는 방식의 개선도 필요하다. 최고의 생산성 향상 방법은 남들이 절대 할 수 없는 나만의 상품과 서비스를 개선하는 것이다.

현재 한국의 생산성은 선진국의 절반 수준이다. 한 사람이 할 일을 두 사람이 하는 격이고, 남들이 한 시간에 하는 일을 두 시간에 한다고 보면 된다. 경쟁력을 되찾기 위해서는 생산성 증대에 목숨을 걸어야 한다. 생산성 향상은 하면 좋은 일이 아니다. 해야만 하는 일, 하지 못하면 생존이 위태로운 일이다. 이를 위해 다음 질문을 스스로에게 던져보라.

현재 내 생산성은 어느 정도인가? 100점 만점에 몇 점인가? 경쟁자 대비 어느 수준인가? 그 근거는? 어느 정도까지 올리고 싶은가? 거기까지 올리면 어떤 일이 일어날까? 올라갔다는 걸 어떻게 증명할 수 있는가? 생산성을 올리기 위해 가장 먼저 해야 할 일은? 하지 말아야 하는 일은?

정체성을
명확히 하라

\

경영을 배울 수 있는 좋은 장소 중 하나는 식당이다. 잘 안되는 식당은 대부분 메뉴가 복잡하다. 늘 파리만 날리는 김밥 체인점 중 한 곳은 메뉴가 100개가 넘는다. 시간도 부족하고 주변에 마땅히 먹을 만한 곳이 없을 때 가끔 이용하는데 무엇을 시켜야 좋을지 판단이 서지 않는다. 식자재에 대한 의구심도 들고 재고관리를 어떻게 하는지도 의심스럽다. 당연히 맛도 별로이고 신뢰도 가지 않는다. 반면, 최고급 식당 중에는 메뉴 선택권이 없는 곳이 있다. 셰프를 믿고 주는 대로 먹는다. 심플하다. 선택할 수 없으니 머리도 맑다. 당연히 맛도 있고 다시 찾게 된다.

생산성의 핵심은 단순화와 집중이다. 복잡함을 제거한 후 가장 본질적인 곳에 에너지를 집중하는 것이다. 생산성의 반대말은 복잡함과 산만함이다. 2017년 세계에서 가장 단순한 기업을 조사했는데, 독일의 저가형 슈퍼마켓 체인 알디ALDI와 리들LiDL이 1, 2위를 차지했다. 알디의 핵심은 단순화와 저렴한 가격이다. 경쟁 업체에 비해 가격은 절반 수준이다. 우리보다 서너 배 저렴하다. 병맥주는 380원 정도, 1.5리터 콜라가 490원 수준이다. 미국, 영국, 호주 등 20개국에서 1만 개의 점포를 운영 중이다. 2015년 기준 독일에서 매출은 35조 원이고 글로벌 매출은 70조 원이 넘는다. 업종은 레드오션이지만 연평균 10퍼센트 이상 높은 성장률을 보인다. 미국 알디는 2010년부터 매출이 두 배 증가했다(《동아비즈니스리뷰》 2017년 1월 216호 참조).

어떻게 이런 일이 가능할까? 바로 소품종 최저가 정책 때문이다. 이들은 제품당 품목 수를 엄격하게 제한한다. 매장당 1,500종밖에 되지 않는다. 참고로 월마트는 3만 종, 테스코는 5만 종이 넘는다. 가격을 위해 90퍼센트 이상이 PB 상품이다. 월마트보다 20퍼센트 넘게 싸다. 매장도 400평 내외로 좁다. 품목 내 상품 종류도 한두 개로 제한했다. 구두약은 에르달, 치약은 블랜닥스, 왁스는 지겔라 식이다.

상상 가능한 모든 조직을 없앴다. 홍보, 마케팅, 법률을 다루는 기획실은 없다. 시장 조사도 소비자 조사도 하지 않고 컨설팅도 받지 않는다. 직원도 최소한으로 고용해 매장 한 곳당 7~8명 수준이다. 당연히 인건비 비중이 2.8퍼센트 수준인데 경쟁사는 10~15퍼센트다.

그런데 복잡성 제거는 어떻게 해야 할까? 바로 정체성을 명확히 하는 것이다. 우리 조직이 왜 존재하는지, 정확히 어떤 가치를 고객들에게 주는 곳인지 재정의해야 한다. 본질을 이해하고 거기에 맞는 일 외엔 모두 삭제하는 것이다. 김유열의《딜리트》를 보면, 이런 방식을 통해 성공한 조직이 다큐만을 취급하는 디스커버리 채널이다. 2016년 기준 매출 7조 4,000억 원, 영업이익 2조 7,000억 원이다. 영업이익률이 무려 36.9퍼센트에 이른다. 참고로 KBS는 매출 1조 4,800억 원에 영업이익 248억 원, MBC는 매출 8,300억 원에 영업이익 404억 원, SBS는 7,900억 원에 10억 원의 적자를 기록하고 있다.

이 회사를 만든 존 핸드릭스는 이렇게 얘기한다. "우리가 하는 일은 케이블방송국이 아니다. 방송업이 아니라 고객들이 세상을 탐험하고 호기심을 만족시키도록 돕는 일이다. 새로운 유통 플랫폼과 화면으로 옮겨간다면 이런 철학을 고수하는 일은 더욱 중요해질 것이다." 한마디로 정체성을 재정의해 성공했다는 것이다. 생산성을 올리기 위해서는 정체성을 명확히 하고, 그것과 별 상관없는 것은 모두 삭제해야 한다. 개인에게도 조직에게도 해당한다. 여러분 조직은 뭘 하는 곳인가? 가장 우선순위가 높은 일이 무엇인가? 거기에 시간과 비용을 집중해서 쓰고 있는가?

복잡성 제거는 어떻게 해야 할까?
바로 정체성을 명확히 하는 것이다.
우리 조직이 왜 존재하는지, 정확히 어떤 가치를
고객에게 주는 곳인지 재정의해야 한다.
본질을 이해하고 거기에 맞는 일 외엔
모두 삭제하는 것이다.

본질에
충실하라

단순한 삶과 높은 이상Simple Life, High Thinking. 내 삶의 모토 중
하나다. 내 삶은 단순하다. 나는 연말에도 거의 모임에 나가
지 않는다. 새벽에 일어나 차를 마시며 책을 읽고 글을 쓴다.
글을 쓰다 지치면 헬스장에 가서 운동하고, 강연이나 코칭을
하고, 대중교통을 이용하거나 걸어 다니고, 쓸데없는 모임에
는 가급적이면 참석하지 않는다.

저녁 모임은 거의 하지 않는다. 저녁 늦게까지 있으면
그 후유증으로 새벽 공부에 방해가 되기 때문이다. 모든 사람
에게 적용할 수 있는 건 아니지만 내 생산성을 높이기 위해
나만의 최적화된 생활 패턴이다.

내가 생각하는 생산성의 정의는 단순화이고 그 반대말은 복잡함이다. 단순화는 생각처럼 쉽지 않다. 다음과 같은 노력이 필요하다.

첫째, 본질에 충실해야 한다. 내가 누구인지, 무엇을 하는 사람인지, 내 역할은 뭔지, 그것에 충실한지를 생각해야 한다. 학생은 공부가 중요한 역할이다. 부모는 애를 보살피는 것이 역할이다. 선생은 잘 가르치는 것이 역할이다. 본질에 충실하기 위해서는 비본질적인 것을 없애야 한다. 불필요한 것을 정리해야 한다.

둘째, 단순함은 그 자체가 목적이 아니다. 단순함이란 정말 소중한 것을 위해 덜 소중한 것을 덜어내는 것이다. 불필요한 짐을 덜어내 정말 소중한 일에 집중하자는 것이다. 이를 위해서는 먹는 것, 쓰는 것, 만나는 것, 가진 것까지 생활의 모든 면을 정리해야 한다. 그래야 내적으로 풍요롭게 살 수 있다. 동물들은 아플 때는 먹지 않는다. 건강을 위해서는 주기적으로 단식을 해야 한다. 우리는 너무 많은 것을 먹고, 듣고, 만나고, 행한다. 컵이 가득 차 있으면 새로운 물을 담을 수 없듯이 스케줄에 빈틈이 없다면 새로운 기회가 왔을 때 잡을 수 없다. 시간 관리도 하루의 3분의 1 정도만 계획을 세우는 것이 좋다.

셋째, 자신감이 필요하다. 단순한 삶은 원한다고 살 수 있는 건 아니다. 자신감이 있어야 가능하다. 자신감이 있으면 단순해질 수 있고, 단순해지면 속도가 빨라진다. 자신감이 있는 사람은 다른 사람의 좋은 아이디어에 개방적이다. 기꺼이 그 아이디어를 공유한다. 반대로 자신감이 없으면 단순해질 수 없다. 단순하게 보일까 봐 두려워한다.

조직의 성과를 망치는 최선의 길은 조직을 복잡하게 만드는 것이다. 누가 결정을 하는지, 누가 책임과 권한을 갖는지 애매모호하게 만드는 것이다. 결정을 하긴 하는데 누가 결정했는지 모르게 하는 게 관료들의 노하우다. 그러면 속도가 떨어진다. 조직이 비효율적으로 움직인다.

"단순하려면 엄청난 자신감이 필요하다. 관료주의는 속도를 두려워하고 단순함을 혐오한다. 당신이 내놓는 아이디어는 칵테일파티에서 나누는 잡담처럼 처음 만나는 사람들에게도 쉽게 말할 수 있는 것이어야 한다. 만약 당신과 같은 업종의 사람들만 이해할 수 있는 말이라면 당신은 실패한 것이다." 잭 웰치의 말이다.

단순하기 위해서는 솔직해야 한다. 솔직한 생각을 두려움 없이 주고받을 수 있어야 한다. 사람들이 솔직하지 못한 이유는 두렵기 때문이다. 두려우면 속내를 함부로 드러내지 못한다. 아니, 하지 않는다. 언제든 도망갈 수 있게끔 말을 빙빙 돌리든지, 길게 하든지, 알듯 모를 듯 선문답을 하게 된다.

단순함은 산도
움직인다

단순함에는 두 종류가 있다. 무식해서 단순한 것과, 고도의 계산과 시행착오를 거친 후 도달하는 단순함이 그것이다. 여기서 얘기하는 건 당연히 후자의 단순함이다. 이것도 해보고 저것도 해보고 최선을 다해본 다음에 비로소 단순해지는 것이다.

단순하면 무엇이 좋을까? 우선 마음이 편하고 고요하다. 세상에 마음의 평화만큼 중요한 건 없다. 부자가 좋지만 힘든 이유는 가진 것이 많기 때문이다. 단순하게 살고 싶어도 그럴 수 없는 것이다. 가진 것으로 인해 많은 일들이 일어난다. 자신이 소유한 건물에 물이 샐 수도 있고, 세무조사가 나올 수도 있다.

말도 그렇다. 하수는 말이 많고 길다. 발표 내용이 떨어질수록 자료가 많아지고 시간은 길어진다. 내용이 없는 것을 분량으로 만회하려고 해서다. 실력이 떨어지는 선생일수록 설명이 길고 복잡하다. 들어도 무슨 말인지 이해가 안 간다. 왜 그럴까? 본인도 이해를 못하기 때문이다.

골프도 그렇다. 골프의 고수는 스윙이 단순하고 간결하다. 골프를 못 치는 사람일수록 어깨에 힘이 들어가고 온갖 폼을 다 잡는다. 삶도 마찬가지다. 성공한 사람의 삶은 단순하다. 그들의 생각 또한 단순하다. 글도 그렇다. 안전벨트를 매자는 수많은 캠페인과 홍보가 있다. 하지만 별로 효과가 없다. 미국에서 유일하게 효과를 본 슬로건이 있다. 바로 '안전벨트를 매든지 벌금을 내라Click it or ticket'는 것이다. 단순하지만 느낌이 확 온다.

단순한 것이 복잡한 것보다 어렵다. 단순해지기 위해서는 많은 생각과 노력이 필요하다. 짧은 글이 긴 글보다 쓰기 어렵고, 짧은 연설이 긴 연설보다 공을 많이 들여야 한다. 단순한 것은 본질적인 것이고, 본질적인 걸 뽑아내기 위해서는 많은 노력을 해야 한다. 화가도 그렇다. 성숙한 경지에 이르면 단순해진다. 거기 모든 것이 포함되기 때문이다. 장욱진

화백은 평생 "단순함이 내 철학이다"라고 말했다. 단순함은 성숙의 결과다. 도가 튼 사람은 단순하다. 거칠 것이 없다. 눈치를 보지도 않는다. 그런 사람을 만나면 머릿속이 시원해진다.

하지만 어리석은 사람들은 모든 것이 복잡하다. 무슨 말을 하는지 알아듣기도 어렵다. 하겠다는 것인지, 하지 않겠다는 것인지도 알 수가 없다. 뭐 그렇게 따지고 걸리는 것이 많은지, 무슨 눈치를 그렇게 보는 것인지…… 되는 일이 별로 없다. 갑갑하고 답답하다.

단순함이란 무엇일까? 불필요한 것을 모두 덜어내고 반드시 있어야 할 것만으로 이루어진 결정체 같은 것이다. 본질적인 것만 집약된 모습이다. 복잡한 것을 다 소화하고 난 후 궁극의 경지에 이른 상태다. 어리석은 사람은 간단한 것을 복잡하게 생각한다. 지혜로운 사람은 복잡한 것처럼 보이는 것을 단순하게 만든다.

단순하기 위해서는 사건의 핵심을 짚어낼 수 있어야 한다. 정말 중요한 것과 덜 중요한 것을 나눌 수 있어야 한다. 문제점과 현상을 구별할 수 있어야 한다. 내가 할 것과 남이 할 것, 먼저 할 것과 나중에 할 것을 구분할 수 있어야 한다. 단순한 생각은 심오한 생각의 결과다. 사태를 복잡하게 하는 것은 매우 간단하지만, 사태를 간단하게 하는 것은 매우 복

단순함이란 무엇일까?
불필요한 것을 모두 덜어내고
반드시 있어야 할 것만으로 이루어진
결정체 같은 것이다.
본질적인 것만 집약된 모습이다.
복잡한 것을 다 소화하고 난 후
궁극의 경지에 이른 상태다.

잡한 일이다. 단순한 것이 복잡한 것보다 어렵다. 단순해지기 위해서는 생각이 명료해야 하고 이를 위해서는 많은 노력이 필요하다. 하지만 그 시점에 이르면 태산도 움직일 수 있는 힘이 생긴다.

"내 만트라(반복해서 외우는 주문) 가운데 하나는 집중과 단순함이다. 단순함은 복잡한 것보다 더 어렵다. 생각을 명확히 하고 단순하게 만들려면 열심히 노력해야 한다. 하지만 그럴 만한 가치는 충분하다. 일단 생각을 명확하고 단순하게 하면 산도 움직일 수 있다." 스티브 잡스의 말이다.

관료주의를
이기는 힘

잘나가던 모 금융 회사가 심각한 위기 상황을 맞았다. 외환 위기 전에는 가만히 앉아 있어도 고객들이 제 발로 찾아왔고 그들의 요구에 응하는 것이 하는 일의 전부였다. 하지만 지금은 고객을 찾아다니면서 영업을 해야 한다. 그나마 쉽지 않다. 예전에 비해 몇 배는 열심히 일하지만 수입도 시원찮고, 경쟁은 날로 치열해진다.

새로 온 사장은 이 조직의 문제점을 복지부동과 관료주의로 진단했다. 연공서열과 나눠 먹기식 평가 제도가 이런 조직을 만들었다고 판단한 그는 경쟁 체제를 도입하기로 했다. 동시에 급격한 경쟁 체제에 따른 반발을 무마하기 위해 모든 사람이 손해를 안 보게끔 전체적으로 급여를 인상하고, 그 위에 경쟁 체제를 도입하자고 제안했다.

하지만 노동조합은 이를 거부했다. 일 잘하는 사람이 더 많이 받는 것이 좋아 보이기는 하지만 자칫 위화감을 조성하고 조직의 화합을 깰 수 있다는 주장이었다. 조금 덜 받더라도 사이좋게 나눠 갖는 예전 방식이 좋다는 것이다. 이 상태가 계속되면 좋은 사람이 나가고, 시장에서 경쟁력이 상실되리라는 것을 그들도 인정하지만 새로운 제도가 가져올 변화를 두려워한 것이다.

한번 만들어진 조직은 목적을 달성한 후에도 절대 사라지지 않는다. 할 일이 없어도 계속 새로운 일을 만들어내고, 이를 위해 조직을 확대시킨다. 이것이 조직의 특성이고 관료주의의 폐해다. 많은 조직에 팽배해 있는 갈등, 영역 다툼, 내분 등 관료주의 병폐의 뿌리는 불안감이다. 불안감은 사람들을 변화에 저항하게 만든다. 그들은 변화를 기회로 보지 못하고 위협으로 받아들인다. 내부 문제에 집착하느라 외부 변화를 보지 못하는 것이 관료주의다.

관료주의는 내용보다는 형식을 중요시한다. 이 보고를 왜 하는가보다는 어떤 과정을 거쳐 어떤 포맷으로 할 것인가에 에너지를 쏟는다. 사무실 크기도 필요보다는 규정에 의거

한다. 사장실은 몇 평 이상이어야 하고, 일반직은 몇 평 이상은 안 된다. 일과가 끝난 후에는 아무리 추워도 냉난방은 안 된다. 왜 이 서류가 필요한지는 중요치 않다. 다만 예전부터 해왔기 때문에 필요하다고 주장한다. 문제가 생기면 늘 관행이라고 치부한다. 이 사업이 필요한지 여부는 중요하지 않다. 다만, 예산 책정이 되어 있기 때문에 집행하는 것이 관료주의다.

그 사람의 역량보다는 나이가 몇 살이고 어느 학교를 나왔는지가 중요하다. 도전적이고 성과를 지향하는 사람은 견디기 어려운 반면, 주어진 일을 형식대로 조용히 처리하기 좋아하는 사람에게 관료주의는 최상의 입지를 제공한다. '왜 이것을 하지'라고 생각을 많이 하는 사람은 힘들지만 아무 생각 없이 일하기엔 최고다. 관료주의는 권위가 지위에서 나온다고 믿는 사람에게서 자란다. 관료주의는 속도를 무서워하며 단순성을 증오한다. 사람들을 방어적으로 만들고, 음모를 키우고, 때때로 비열하게 만든다. 관료주의에 빠진 사람들은 공유하는 것을 두려워하며, 열정적이지 못하다.

관료주의를 무너뜨리기 위해서 가장 필요한 것은 자신감이다. 관료주의는 불안감을 먹고 살기 때문이다. 자신감은 불안감에 대한 해독제다. 자신감을 회복하는 첫 번째 방법은 조직을 경쟁 체제로 만드는 것이다. 경쟁이 없는 조직의 종착역은 관료주의다. 다음은 조직 내의 모든 사람들에게 발언권을 주는 것이다. 내 생각을 말하고, 상대 얘기를 듣고, 그런 과정을 통해 서로를 신뢰하게 되는 것이다.

자신감이 있는 사람들은 다른 사람의 좋은 아이디어에 개방적이며 기꺼이 그 아이디어에 공감한다. 그들은 자신들이 사용하는 아이디어를 모두 자신이 생각해내야 한다거나 자신이 시작한 모든 아이디어에 대해 공로를 인정받아야 한다고 우기지 않는다. 그들은 자유롭게 일하고 서로를 인정하며 필요하면 아낌없이 지원하고 그런 과정을 통해 자신감을 키운다.

가만히 있는 조직은 필연적으로 관료적이 된다. 끊임없이 혁신하고, 자신감을 불어넣고, 활발하게 커뮤니케이션하는 것이 관료주의를 막는 최선의 방책이다. 모든 조직은 곰팡이처럼 자라나는 관료주의와의 전쟁에서 살아남아야만 경쟁력을 갖춘 조직이 된다.

생산성의
천적

단순함의 대척점에 있는 것이 관료주의다. 이들은 목적보다는 규정을 중시한다. 그 일을 하는 목적보다는 어떤 규정에 근거해 그 일을 하느냐고 질문한다. 전례가 있었는지 묻는다. 잘못되면 책임은 누가 질 것인지가 가장 중요하다. 그들에겐 일을 하는 것보다 나중에 그 일로 인한 책임으로부터 어떻게 하면 빠져나올 수 있느냐가 중요하기 때문이다.

이들에게 최고의 가치는 규정이다. 이들은 규정에 목숨을 건다. 관료주의에 물든 사람들은 말이 느리고 애매모호하다. 하겠다는 것인지, 말겠다는 것인지, 찬성인지 반대인지가 불명확하다. 관료주의는 속도를 두려워하고 단순함을 혐오

한다. 자신의 속내를 명확히 했다가 봉변을 당할 가능성이 있기 때문이다.

이러니 무슨 일이 제대로 되겠는가? 그야말로 일을 하는 것도 아니고 안 하는 것도 아니다. 방향성도 없고 모든 것이 느리게 진행된다. 완벽한 관료주의는 결정을 하지 않으면서 모든 결정을 한다. 관료주의는 현대판 독재주의다. 시오노 나나미는 관료주의에 대해 이렇게 말한다. "관료 기구는 내버려두면 방대해진다. 그들은 자기 보존을 최우선으로 여기기 때문이다. 그들은 능력을 향상시켜 보존하는 것이 아니라 주변에 동류와 기생충을 늘리는 방법으로 이를 실현한다. 따라서 그들에게 개혁 요구를 기대할 순 없다. 이는 복종시키는 힘이 있는 권력자만이 할 수 있다."

관료주의의 목표는 무질서와 혼돈을 완전히 제거하는 것이다. 그렇게 함으로써 일사분란하고 늘 모든 것이 규정대로 움직이는 걸 이상적인 조직으로 생각한다. 공무원은 규정에 목숨을 건다. 난 규정이란 말을 들으면 속이 터질 것 같다. 규정대로 하면 사람들은 일하는 대신 일하는 척을 하게 된다. 복지부동, 무사안일, 구태의연함이 바로 그 결과물이다. 그야말로 가만히 앉아 주는 월급만 받는 조직이 되는 것이다. 얼굴은 최고경영자를 향하고, 고객에게는 똥구멍을 들이대는 관료주의는 암세포와 같다.

암세포는 자신이 해야 할 일에는

관심이 전혀 없다. 어떻게 하면 비슷한 조직을

증식시킬 것인가에만 관심이 있다.

관료주의는 생산성과 상관없이

자리를 늘리고 규정에만 목을 맨다.

관료주의를 죽여야 생산성을 살릴 수 있다.

조직이 관료주의다.

관리의 목표 중 하나는 경쟁자 대신 부하를 늘리는 것이다. 관리는 서로에게 일거리를 만들어준다. 그렇기 때문에 모든 조직은 점점 커지는 경향이 있다. 영국 해군의 경험을 살펴보자. 1914년과 1928년 사이 영국 해군의 배는 67.4퍼센트나 줄었지만 해군 조선소의 인원은 40퍼센트, 해군 본부의 장교는 78퍼센트나 늘어났다.

1992년 미국에선 역사상 처음으로 정부를 위해 일하는 사람이 제조업에서 일하는 사람들보다 늘어났다. 1980년에서 1991년 사이, 미군 병력은 3.5퍼센트 줄었지만 장교는 7퍼센트 늘어났다. 1965년에서 1985년 사이, 학생은 8퍼센트 줄었지만, 행정 요원은 102퍼센트 늘어났다. 농촌 지역 인구는 자꾸 줄어드는데 군청 관리들은 꾸준히 늘어나는 한국은 이미 심각한 관료주의 병에 걸렸다. 비만에 고혈압에 동맥경화다. 다이어트를 해야 하지만 자꾸 먹고 움직이지 않는다.

관료주의는 암세포와 같다. 암세포는 자신이 해야 할 일에는 관심이 전혀 없다. 어떻게 하면 비슷한 조직을 증식시킬 것인가에만 관심이 있다. 암이 무서운 이유는 빠른 속도로 비슷한 조직을 규합하는 데 있다. 이들은 절대 죽지 않는다. 사람이 죽어야 암세포도 죽는다. 조직의 관료주의도 그렇다. 이들은 절대 죽지 않는다. 조직이 사라질 때 비로소 이들도 죽는다. 국가가 죽어야 관료주의가 죽는 것이다. 참 끔찍한 일이다.

이 글은 관료주의 성향을 가진 조직에 대한 글이지만 그들은 절대 이 글을 읽지 않을 것이다. 글을 읽어도 자신과는 상관없는 일로 생각할 것이다. 이들에게 생산성에 대해 얘기하는 건 쇠귀에 경 읽기다. 잭 웰치가 제일 싫어했던 게 관료주의이고, 그가 GE 재임 시절 좋은 성과를 냈던 이유 또한 관료주의를 어느 정도 파괴했기 때문이다.

나 또한 제일 싫어하는 게 바로 관료주의이고, 관료주의를 옹호하는 사람들이다. 생산성과는 상관없이 자리를 늘리는 사람이다. 규정을 좋아하는 사람들이다. 생산성의 최고 적은 관료주의다. 관료주의를 죽여야 생산성을 살릴 수 있다.

복잡성을
제거하라

생산성은 무엇일까? 단순함이다. 뭘 해야 할지, 하지 말아야 할지가 명확하고 단순하면 된다. 그렇다면 생산성의 대척점에 있는 건 무엇일까? 바로 복잡함이다. 복잡함이 생산성의 가장 큰 적이다. 2018년 11월 《동아비즈니스리뷰》에 이경민·장은지 이머징 공동 대표는 복잡성에 관한 흥미로운 글을 썼다. 그중 몇 가지를 인용한다.

　미국 CIA는 적국에 침투한 스파이가 적국의 생산성을 어떻게 하면 크게 떨어뜨릴 수 있을까를 연구했다고 한다. 바로 망가뜨리는 게 아니라 생산성을 떨어뜨려 서서히 무너지게 하는 전략이다. 연구 결과는 무엇이었을까? 정답은 복잡함이다. 모든 걸 복잡하게 하면 된다는 것이다. 행동강령은 이렇다. 모든 일을 정해진 경로나 창구를 통해 진행하자고 고집할 것, 의사 결정 단축을 위한 어떤 방법도 허용하지 말 것, 지시를 내리는 절차나 방식을 늘릴 것, 한 사람이 충분히 승인할 수 있는 것도 세 사람이 결재하게 만들 것, 특히 최대한 자주 회의를 열 것, 모든 명령은 서면으로 요구할 것 등등. 이렇게 하면 적발될 가능성을 최소화하면서 조직을 효과적으로 망칠 수 있다는 것이다.

난 이 글을 읽으면서 혼자 웃었다. 너무 익숙한 모습이다. 지금도 공공기관에서 늘 일어나는 일이다. 별것 아닌 일에도 위원회를 만들고, 자주 회의를 하고, 최대한 많은 규정을 만들고, 여러 핑계를 대면서 결정을 미루고, 뭔가 일을 되게 하는 대신 안 되는 이유를 찾고……. 혹시 공공기관에 스파이가 있는 건 아닌지 의심이 된다.

복잡성 지수란 것이 있는데, 업무 절차, 조직 계층, 업무 조율 기구, 보고 승인 단계, 성과 측정 방법 등을 기반으로 만들었다고 한다. 매년 6.7퍼센트씩 꾸준히 복잡해지고 있고 50년 전에 비해 35배 정도 복잡해졌다는 것이다. 놀라운 일이다. 그런데 이러한 복잡성이 어떤 영향을 줄까? 그들의 논문을 조금 더 인용해보자.

첫째, 시간과 자원을 낭비하게 만든다. 비효율적인 회의, 상사를 위한 자료 준비 등 비본질적인 일에 시간의 40퍼센트 정도를 사용한다. 둘째, 조직에 대한 만족도와 동기를 저하시킨다. 당연히 그럴 것이다. 이런 걸 경험한 신입 사원은 좌절하고 만다. 자기 힘으로 할 수 있는 건 아무것도 없다는 무력감이 생길 것이다. 셋째, 자원을 엉뚱한 데 씀으로써 경쟁력이 저하된다. 한마디로 정작 해야 할 일보다는 쓸데없는 일에 에너지를 쓰느라 경쟁력이 떨어진다는 것이다. 복잡한 조직은 경쟁력이 없는 조직이다.

그렇다면 왜 복잡성에 빠질까? 논문은 다음 세 가지를 얘기한다. 첫째, 리더의 불안 때문이다. 불안한 리더는 통제 욕구를 갖는다. 이를 위해 회의, 보고서, 결재가 증가하고 직원들은 수동적으로 움직이게 된다. 둘째, 그들은 회의를 자기 일이라고 착각한다. 근데 회의는 성과가 아니다. 상사의 회의는 수많은 시간 낭비만 불러올 뿐이다. 셋째, 복잡한 프로세스를 전문성과 고민의 결과라고 착각한다.

그렇다면 어떻게 해야 복잡성을 줄일 수 있을까? 단순한 조직을 만들 수 있을까? 여기부터는 내 생각이다. 첫째, 경영진들 스스로 불안감의 원인을 점검해보아야 한다. 점검을 위해 다음 질문을 던져보라. 나는 무엇을 두려워하는가? 내

불안의 원인이 뭐라고 생각하는가? 내가 생각하는 최악의 상황은 무언가? 불안함을 제거하기 위해 내가 할 일은 무언가? 지금의 복잡함이 불안감을 없앨 수 있다고 생각하는가? 불안감을 없애는 최선의 방법은 자신감인데 이것 역시 질문을 던져보는 것이 필요하다. 현재 내 자신감은 몇 점인가? 자신 있는 부분과 자신 없는 부분은 어떤 것인가? 자신감 없는 부분을 보완하기 위해 무엇을 해야 하는가? 이를 보완해줄 사람이 있다면 누구일까?

둘째, 조직의 신뢰성을 높여야 한다. 사람을 믿지 못하면 자꾸 불필요한 규정과 절차를 만든다. 그런 면에서 다음 질문을 던져야 한다. 현재 우리 조직의 신뢰성은 몇 점쯤 되는가? 어느 정도까지 올려야 하는가? 이를 위해 어떤 일을 해야 하는가? 어떤 조직 문화를 원하는가? 이런 문화를 만들기 위해 어떤 일들을 해나가야 하는가?

채용과 평가에 신뢰성을 중요 항목으로 넣어야 한다. 믿을 만한 사람을 뽑고, 그런 사람이 리더로 승진하고, 신뢰성이 높은 우선순위가 되면 서서히 신뢰할 수 있는 조직이 될 것이다. 대부분 회사는 두꺼운 규정집으로 직원을 관리한다. 하지만 전체 직원 중 썩은 사과는 일부에 불과하다. 넷플릭스는 직원 중 97퍼센트는 믿을 만하다고 판단했다. 회사의 인사 규정은 나머지 3퍼센트를 위한 것이다. 그래서 상세한 규정집을 만들지 않기로 했다. 대신 문제를 일으킬 만한 사람을 채용하지 않고, 잘못 채용한 인원을 빨리 없애는 데 집중하기로 결정했다.

셋째, 뭔가 새로운 제도나 절차를 만들 때는 조심해야 한다. 하나를 만들기 위해서는 다른 불필요한 절차를 하나 없애야 만들 수 있게끔 장치를 두는 것도 방법이다.

엔트로피가 커지는 방향으로 진행하는 건 자연의 법칙이다. 모든 사물은 가만 놔두면 스스로 알아서 복잡하게 된다. 리더는 이런 복잡성을 알아차리고 단순화할 수 있어야 한다. 그래야 생산성이 유지된다.

단순함을
회복하라

지금 행복한가? 행복하기 위해서는 삶을 좀 더 심플하게 만들어야 한다. 우리가 모르는 것이 하나 있다. 우리가 얼마나 잘사는지 그 사실을 모른다. 잘살지만 별로 행복하지 않다. 뭔가 부족해서는 아니다. 너무 많이 가져서, 너무 복잡해서, 너무 바빠서 행복하지 못한 것이다. 행복은 단순함이다. 행복은 심플에서 온다. 이를 위해 도미니크 로로는 《심플하게 산다》에서 이렇게 말한다.

첫째, 소유의 삶에서 존재의 삶으로 바꾸어야 한다. 꽃을 보는 것만으로도 행복한가? 아니면, 꽃을 따서 소유해야 직성이 풀리는가? 전자는 존재의 삶이고, 후자는 소유의 삶이다. 골프를 칠 수 있으면 됐지 골프장을 소유해야 꼭 행복한 것은 아니다. 몽골인은 소유하는 물건이 300개, 일본인은 6,000개 정도다. 사하라 사막의 유목민 투아레그족은 가볍게 짐을 꾸릴 수 있는 것만 소유한다.

여러분은 몇 개의 물건을 갖고 있는가? 우리는 너무 많은 물건을 갖고 있다. 제대로 쓰지도 않는 것들로 집과 사무실이 터질 듯하다. 우리가 물건을 소유하는 게 아니라, 물건이 우리를 소유하는 셈이다. 뭔가를 소유한다는 것은 그만큼 거기 얽매인다는 것이다. 가진 것을 털어내면 그만큼 삶은 홀가분해진다. 뭔가를 계속 소유하려는 삶에서 쓸데없는 것은 버리고 물건으로부터 자유로운 삶을 살아야 한다.

둘째, 현재 삶에 집중해야 한다. 가장 소중한 것은 무얼까? 바로 시간이다. 법정 스님은 '시간은 목숨'이라고 얘기했다. 우리가 진정 소유할 수 있는 단 한 가지는 하루하루의 시간뿐이다. 현재 시간을 누리지 못하는 사람은 미래도 누리지 못한다. 시간을 그저 갖기만 해서는 안 된다. 정말 소중한 것은 시간의 질이다. 현재에 집중해야 한다. 미래를 두려워 마라. 두려운 건 미래가 아니라 현재 우리가 놓치고 있는 순간이다. 현재에 집중하면 피곤하지 않다. 일상을 특별하게 만들어야 한다. 일상을 의식으로 만들고 일상에 또 다른 의미를 부여해야 한다.

셋째, 몸을 귀하게 여겨야 한다. 몸은 내 존재다. 몸만이 현재다. 몸이 무너지면 다 무너진다. 몸을 방치하는 것은 우리 책임이고 우리 잘못이다. 몸을 돌보지 않으면 본인은 물론 가족과 주변 사람들이 피해를 입는다. 몸을 돌보는 것은 자기를 위한 일인 동시에 남을 위하는 일이다. 건강의 최대 적인 비만은 축적에 따른 병이다. 욕심과 스트레스 때문에 오는 병이다. 무절제하고 사치스런 삶에 대한 무언의 비판이다. 적게 먹고 몸을 가볍게 만들어야 한다. 이건 철학이고 지혜다.

건강과 아름다움을 얻으려면 규칙이 필요하다. 그래야 게으름에서 벗어날 수 있다. 규칙은 몸과 마음과 정신을 위한 약이다. 반복과 훈련을 통해 몸과 마음을 닦는 일이다. 소식하고, 아침 일찍 일어나고, 찬물로 샤워하는 일처럼 몇 가지 힘든 일을 받아들여야 한다. 규칙을 생활화하면 활력과 인내력을 얻을 수 있다.

넷째, 초연함을 얻어야 한다. 머릿속이 복잡한가? 걱정이 많은가? 걱정은 흔들의자와 같다. 뭔가 하는 것 같지만 사실은 아무것도 안 하는 것이다. 하수는 머리가 늘 복잡하다. 고수는 홀가분하다. 초연함은 몸과 마음을 다스릴 때 얻을 수 있는 결과물이다. 머리와 마음을 완전히 비워냈을 때, 더 이상 아무 집착도 남아 있지 않을 때, 때와 장소에 맞게 행동할 때, 주관적인 일도 객관적으로 볼 수 있을 때 초연함을 얻을 수 있다. 문제를 해결하는 대신 초월하는 것, 생체 리듬을 파악하고 거기에 맞게 생활하는 것이 도움이 된다.

다섯째, 관계를 정리하고 혼자만의 시간을 가져야 한다. 인간관계를 통해 에너지를 얻기도 하고, 관계 때문에 힘들어 하기도 한다. 단순한 삶을 위해서는 인간관계도 단순해야 한다. 만날수록 힘들고, 열 받고, 스트레스가 되는 관계는 정리해야 한다. 사람을 가려 만나되 관용을 갖는 게 좋다.

무엇보다 고독을 즐길 수 있어야 한다. 혼자 잘 노는 사람이 다른 사람과도 잘 지낸다. 혼자 못 있는 사람은 다른 사람에게 의존하고 피곤하게 한다. 자신감이 없는 사람일수록 늘 사람들 사이에 쌓여 지낸다. 혼자 있는 걸 못 견딘다. 고독은 하늘이 준 선물이다. 시련이 아닌 혜택이다. 혼자 있는 시간을 통해 성장할 수 있다. 의도적으로 혼자만의 시간을 확보해야 한다.

여섯째, 명상하고 많이 읽고 많이 써야 한다. 우리 삶은 너무 외부를 향해 있다. 다른 사람, 디지털 기기 등에 하루 종일 노출되어 있다. 명상은 내면의 목소리를 듣는 행위다. 나는 누군지, 내가 원하는 것은 무언지, 내가 그런 삶을 제대로 우리가 모르는 것이 하나 있다.

우리가 얼마나 잘사는지 그 사실을 모른다.

잘살지만 별로 행복하지 않다.

뭔가 부족해서는 아니다. 너무 많이 가져서,

너무 복잡해서, 너무 바빠서 행복하지 못한 것이다.

행복은 단순함이다. 행복은 심플에서 온다.

살고 있는지를 파악하는 시간이다. 쓸데없는 정보 대신, 진정한 내가 하는 소리를 듣는 행위다.

읽고 쓰는 행위는 자신을 돌보는 행위다. 글쓰기에는 마법의 힘이 있다. 글을 쓰면 원하는 것을 정확히 알 수 있다. 글을 쓰면 머릿속을 정리할 수 있다. 복잡한 생각에서 자유로워지려면 우선 그 생각을 표현해야 한다. 그래야 그 생각을 없앨 수 있다. 글쓰기는 자신과 관계 맺는 일이다. 글을 쓰다 보면 자신이 어떤 사람인지 알 수 있다. 화가 날 때도 글쓰기는 도움이 된다. 글을 쓰면 상황을 한발 물러서서 볼 수 있다. 마음을 글로 비워내고 나면 편안하고 평화로워진다.

생산성을 높이는 첫걸음은 복잡함을 제거하고 심플함을 회복하는 것이다. 이것저것 다 해야 하는 대신 정말 해야만 하는 일, 하고 싶은 일, 레버리지 효과가 높은 일에 집중하는 것이다. 시간과 돈과 에너지를 그런 곳에 쓰는 것이다. 여러 가지 일을 한다고 그 일을 잘하는 건 아니다. 모든 일을 한다는 건 사실 아무것도 하지 않는 것과 마찬가지다. 심플함의 회복이 생산성을 높이는 길이다.

2

집중과 몰입의
생산성

신호등이 없는
도로가 더 안전하다?

도로에는 수많은 신호등과 표지판이 있다. 이것이 없는 거리는 상상할 수도 없다. 심지어 '사망사고 발생한 곳'이란 표지판도 있다. 여러분은 이런 표지판을 보고 조심해야겠다는 생각이 드는가? 난 그렇지 않다. 왜 쓸데없이 저런 표지판을 세웠을까, 하는 생각이 든다.

한가한 시골길에도 여지없이 신호등은 있다. 지나가는 차는 없고 기다리는 차만 있다. 갈까 말까 갈등만 생긴다. 표지판이 그렇게 많은 이유가 있을까? 만약 그걸 없애거나 줄이면 어떤 일이 일어날까? 교통신호와 표지판을 없앨수록 차의 흐름이 원활해지고 안전해진다는 것이 결론이다.

매튜 메이의 《우아한 아이디어가 세상을 지배한다》라는 책에 이에 관한 좋은 예가 나온다. 네덜란드 북부 드라흐텐은 인구 4만 5,000명의 소도시로 리바이플라인이란 사거리가 있다. 매일 수천 명의 보행자, 자전거, 2만 2,000대의 차가 통행한다. 하지만 신호등이 없다. 정지, 서행, 양보를 알려주는 표지판도 없다. 바닥이 빨간 벽돌로 되어 있을 뿐이다. 빨간 벽돌은 일종의 경고 표시다. 이 구역이 특별하고 안전장치나 신호가 없다는 점을 알려준다. 통행 구역, 흰색 선은 물론 길을 구분하는 표시도 없다. 하지만 원활하게 잘 굴러간다. 왜 그럴까? 사거리에 진입하는 순간 모든 상황에 최대한 주의를 기울이기 때문이다. 안전은 위험에 대한 인식으로부터 시작된다. 이곳이 안전한 이유는 사람들이 머리를 쓰고 조심하기 때문이다.

이곳은 교통 조사원 출신의 한스 몬더만이 설계했다. 그는 교통사고의 원인 대부분이 잘못된 교통 시스템 때문이란 사실을 깨달았다. 신호는 운전자의 시선을 빼앗고 아무 생각 없이 운전하라고 안심시킨다. 교통신호로 넘치는 도로는 "앞으로 가세요, 빨리 지나가세요. 우리가 모든 걸 관리하니 안심하세요"라고 말하는 것과 같다.

그동안 우리는 도로에 문제가 생기기만 하면 항상 무언

가를 추가하려고 했다. 이와 반대로 착안한 몬더만은 기존 것들을 하나씩 제거해나갔다. 좁은 S자 도로, 교통신호, 안내선, 가드레일, 제한속도 등을 없애고 마을 풍경을 살렸다. 그 결과 놀라운 성과가 났다. 평균속도, 대기 시간, 사고가 절반으로 줄어들었고 일부 지역에서는 완전히 사라졌다. 반면, 전반적인 효율성과 만족도는 두 배로 증가했다. 놀라운 일이다. 아무도 집 안에 '침을 뱉지 마시오'라고 써 붙여놓지 않는다. 우리를 둘러싼 환경적·문화적 신호들이 구성원의 행동 방식을 결정한다.

이상적인 교통 시스템을 위해서는 스케이트장을 벤치마킹하는 것이 좋다. 스케이트장은 무척 복잡하다. 하지만 사람들은 별문제 없이 스케이트를 즐긴다. 어떤 사람은 가장자리를 돌고, 다른 사람은 링크 중앙에서 스핀과 점프 실력을 뽐낸다. 전문가도 있고 초보자도 있다. 뒤로 가는 사람도 있고 속도도 제각각이다. 뭔가 엄청 혼란스럽다. 한 방향으로 도는 것 말고는 별다른 규칙이 없다. 하지만 대형 사고는 발생하지 않는다. 간혹 흐름을 방해하는 사람들이 있지만 곧 다른 사람들의 흐름 속으로 들어간다. 사람들은 처음에 아이스링크에 들어서는 순간 두려움을 느끼지만 곧 그곳에 익숙해진다. 인간은 복잡한 상황에 대처할 능력을 가지고 있다. 신호와 선은 사람들이 사회적 책임을 다하는 것을 방해할 뿐이다. 이런 장치는 상황을 해석하고 대처하는 인간의 능력을 없앤다. 통제 장치가 많을수록 사람들은 스스로 생각할 필요성을 느끼지 않는다.

뭔가를 만드는 것보다 뭔가를 없애면 생산성을 올릴 수 있다. 50년 역사를 가진 프랑스 자동차 부품 업체 파비가 그렇다. 사장인 장 프랑수아는 자신이 멍청하고 게으르기 때문에 모든 업무를 현장 직원에게 맡겨야 한다고 생각한다. 그는 실로 많은 것을 없앴다. 인사부와 기획 부서를 없앴다. 제품 개발부도 구매부도 해체했다. 중간 관리자, 전략 기획팀, 출퇴근 기록 카드도 없앴다. 업무 지침서도 없앴다.

대신에 피아트, 볼보, 폭스바겐 등 기업 고객을 기준으로 20개 팀을 신설했다. 해당 업체에 대한 문제뿐 아니라, 내부 구성원, 구매 업무, 개발 업무까지 모두 그들로 하여금 처리하게 했다. 직원들 스스로 결정을 내리고, 일상적인 문제점을 신속하게 개선하며, 고객 요청에 즉시 답변할 수 있도록 자율권을 부여했다. 리더와 팀원이 모두 알아서 하게 했다. 업체 담당자는 매우 중요한 자리라 사장이 직접 선발했다.

그러자 엄청난 변화가 일어났다. 거대한 공장이 사라지고 지붕을 함께 쓰는 작은 공장 수십 개가 나타났다. 조직을

완벽함이란 더할 것이 없는 상태가 아니라
뺄 것이 없는 상태를 말한다.
단순한 것이 본질적인 것이다.
화가도 조각가도 경영도 그렇다.
성숙한 경지에 이르면 단순해진다.
거기에 모든 것이 포함되기 때문이다.

수평으로 만들자 승진 개념도 사라졌다. 사장의 요구 사항은 심플하다. 더 빨리, 더 싸게, 더 현명하게, 오직 고객을 위해. 이 회사는 큰 성과를 거두고 있다. 완벽함이란 더할 것이 없는 상태가 아니라 뺄 것이 없는 상태를 말한다. 단순한 것이 본질적인 것이다. 화가도 조각가도 경영도 그렇다. 성숙한 경지에 이르면 단순해진다. 거기에 모든 것이 포함되기 때문이다.

지속 가능한 해결책도 중요하다. 지속 가능성이란 어떤 것을 특정한 수준으로 유지시키는 능력을 말한다. 압바의 항아리 냉장고가 대표적이다. 나이지리아에서는 음식이 빨리 상하는 것이 큰 문제였다. 하지만 냉장고를 살 형편은 안 되고 전기 사정도 좋지 않다. 모하메드 바 압바는 이런 지역 문제를 고민하다 문득 액체가 증발할 때 주위의 열을 빼앗아 가는 과학 원리를 떠올리며 항아리 냉장고를 개발했다.

큰 항아리 안에 작은 항아리를 넣고 그 사이에 젖은 모래를 넣어 두 항아리 표면을 젖게 만든다. 젖은 천으로 안쪽 항아리 뚜껑을 씌우면 두 항아리 사이에 있던 증기가 바깥 항아리의 표면을 통해 공기 중으로 증발하면서 안쪽 항아리의 내부 온도가 떨어지는 원리다. 결과는 환상적이었다. 3일이면 시들었던 채소가 한 달 가까이 갔고 하루 만에 시들던

시금치는 12일간 신선도를 유지했다. 한 개의 원가가 불과 1달러인 항아리가 엄청나게 팔려나갔다.

우리는 늘 무언가를 채우려 한다. 더하려 한다. 많이 만들고 더하는 것이 좋다고 생각한다. 하지만 그런다고 일이 잘 풀리고 매출이 오르는 것은 아니다. 우아하게 살기 위해서는 없애고, 멈추고, 생략하는 것이 필요하다. 전략이란 무엇을 할 것인가를 결정하기 전에 하지 말아야 할 것은 무엇인지를 결정하는 일이다.

출근이 하루를
결정한다

아침에 출근하는 직장인들 표정을 보면 측은지심이 생긴다. 조는 사람, 스마트폰에 정신을 빼앗긴 사람, 입을 잔뜩 내민 사람 등 다양한 모습이지만 대부분 우울한 얼굴이다. 표정을 보면 '출근하고 싶지 않지만 목구멍이 포도청이라 간다'는 사실을 알 수 있다. 저런 상태로 직장에서 얼마나 헌신할 수 있을까, 저렇게 평생 살다가 죽으면 얼마나 불행할까, 저런 직원을 데리고 일하는 조직이 어떤 성과를 낼 수 있을까, 생각을 하게 된다. 만약 휘파람을 불면서 즐거운 마음으로 출근할 수 있다면 본인이나 조직에 얼마나 좋을까 상상도 한다.

천재는 갑자기 탄생하지 않는다. 변화도 하루아침에 이

루어지지 않는다. 천재는 반복에 의해 만들어진다. 그렇기 때문에 한 사람의 운명을 예측하기 위해서는 그 사람의 일상을 보면 된다. 특히 그 사람의 아침 출근 모습은 많은 정보를 준다. 아침마다 입을 내민 채 허겁지겁 오는 사람과 좋은 컨디션으로 만나는 모든 사람에게 인사를 하며 출근하는 사람의 미래는 다를 수밖에 없다. 인생은 출근하는 모습에 달려 있다. 여러분의 출근길은 어떠한가?

직장인이 별도 시간을 내서 자기계발 하는 일은 쉽지 않다. 누구나 유일하게 활용할 수 있는 시간이 바로 출근 시간이다. 오래전 집이 있는 일산에서 광장동 직장까지 출퇴근한 적이 있다. 전철로 꼬박 한 시간 반이 걸렸고 걷는 시간까지 합치면 두 시간 걸렸다. 처음에는 시간 낭비가 심하다는 생각을 하다 책을 읽고 테이프로 강의를 듣기로 하자 시간이 아깝지 않았다. 2년간 읽은 책과 들은 강연이 엄청났고 그때 그것이 소중한 자산이 됐다.

차를 타고 출퇴근하는 것도 마찬가지다. 차 안에서도 생산적인 일을 할 수 있다. 좋은 음악을 들을 수 있고, 강연도 들을 수 있다. 내 친구 중 하나는 길이 막힐 때면 핸즈프리를 사용해 밀린 전화를 한다. 또 좋은 생각이 떠오르면 스마트폰에 녹음을 한다.

나는 조금 일찍 일어나 걷는 시간을 활용할 것을 권한다. 최고의 운동이기 때문이다. 사실, 우리는 대부분의 시간을 앉아서 일한다. 별도로 운동하는 시간을 내는 게 쉽지 않다. 출근길은 운동하기에 좋은 기회다. 전철을 자주 이용하는 나는 에스컬레이터 대신 계단을 이용한다. 또 대부분은 걷는다. 걸으면 좋은 아이디어가 떠오른다. 오늘 할 일과 만날 사람에 대한 생각을 정리할 수도 있다. 어떻게 하느냐에 따라 생산적인 시간을 활용할 수 있다.

나의 아침은 이렇다. 나는 새벽 4시쯤 일어난다. 가장 먼저 차를 한잔 마시며 하루 일정을 머릿속으로 그려본다. 명상을 한다. 오늘 할 일들, 만날 사람들, 써야 할 원고들을 생각하고 동선도 그려본다. 가장 먼저 글을 쓴다. 글쓰기는 내 삶에서 가장 우선순위가 높은 일이다. 또 글은 머리가 맑을 때만 쓸 수 있다. 아침에는 대부분 머리가 맑다. 이때 우선순위가 높은 일을 한다.

어느 정도 글을 쓴 후 조간신문을 읽는다. 다섯 종류쯤 되는데 헤드라인 위주로 보면서 칼럼이나 특정 관심 분야의 글을 읽는다. 신문을 보면 지인들과 관련된 기사, 내가 꼭 알아야 할 결정적 정보들이 눈에 들어온다. 축하할 일, 위로할 일이 보이면 바로 문자로 보낸다. 새벽 시간에 많은 일들을 처리하는 셈이다. 모든 시간이 중요하지만 특히 새벽 시간과 오전 시간이 소중하다. 신성한 시간이고 가장 생산적인 시간이다. 아침을 제대로 열어야 하루를 제대로 보낼 수 있다.

아침을 제대로 열기 위해서는 저녁 시간을 잘 보내야 한다. 무리해서 술을 마시거나, 쓸데없는 모임에 시간을 낭비하거나, 할 일 없이 밤늦게까지 텔레비전을 보면 절대 아침 시간을 잘 보낼 수 없다. 간신히 일어나 허겁지겁 출근하다 보면 뭔가 빠지게 되어 있다. 아침에 정신없으면 오후 또한 정신없게 되고 예기치 못한 상황에도 대응할 수 없다.

초년에 얼마나 열심히 사느냐가 말년 운을 결정한다. 일 년 농사는 봄에 어떤 씨앗을 뿌리느냐에 달려 있다. 하루의 품질은 아침을 어떻게 여느냐에 따라 좌우된다. 출근길은 단순히 회사를 가는 것 이상의 의미가 있다. 우리는 프로 선수와 같다. 프로 선수에게 가장 중요한 것은 컨디션 조절이다. 아무리 실력이 있어도 컨디션 조절에 실패하면 그 사람은 프로 자격이 없다. 출근길은 단순히 출근길이 아니다. 투아웃 만루 타석의 프로야구 경기일 수 있다. 여러분의 출근길은 어떠한가?

선한 일도
효과적으로 하라

선한 일을 하는 단체에 정기적으로 돈을 기부하는가? 그런데 그 돈이 제대로 쓰이는지 알고 있는가? 윤리적 소비나 공정무역에도 관심이 있는가? 그것의 효용성에 대해서는 어떻게 생각하는가? 우리는 선의로 많은 일을 한다. 하지만 선의만으로 모든 문제가 해결되는 것은 아니다. 선의에도 생산성이 필요하다. 선의로 무장한 단체들은 이를 무기로 사용한다. 선의로 하는 신성한 일에 간섭하지 말라고 하면서 무소불위의 권력을 행사하기도 한다. 이를 모럴 라이선스라고 한다. 선의만으론 부족하다. 선의와 생산성이 결합해야 세상을 바꿀 수 있다.

고수와의 대화, 생산성을 말하다

선행 중에는 무분별한 선행이 있다. 실효가 없거나 오히려 해악을 끼치기도 한다. 윌리엄 맥어스킬의《냉정한 이타주의자》에 나오는, 아프리카 물 부족 국가에 식수 펌프를 보급하려 했던 '플레이 펌프스 인터내셔널'이 대표적이다. 트레버 필드는 회전 놀이 기구인 뺑뺑이와 펌프 기능을 결합시킨 플레이 펌프를 아프리카 시골 마을에 보급해 식수 부족에 시달리는 사람들을 돕고 싶었다. 아이들이 기구를 돌리며 놀 때 발생하는 회전력으로 지하수를 끌어 올린다는 아이디어다.

이 아이디어에 기업인과 정치인, 유명인들이 열광했고 이들의 후원에 힘입어 이 단체는 급성장한다. 하지만 효과는 어땠을까? 도움이 되지 않았다. 펌프를 돌리는 데 아이들이 동원되면서 사고가 속출했고 고장이 나면 유지 보수도 불가능했다. 플레이 펌프는 마을의 흉물로 전락했고 오히려 여자들의 일거리만 늘었다.

좋은 일도 늘 효과성을 따져보아야 한다. 가성비를 따지는 것처럼 투자 대비 효과를 확인해봐야 한다. 아프리카 학교의 출석률을 높이기 위한 프로그램도 그렇다. 여러 가지가 있었는데 그중 어느 것이 가장 효과적이었을까? 첫째, 교과서 및 수업 교구 제공은 효과가 없는 것으로 드러났다. 둘째,

교사 1인당 학생 수를 줄이는 것 역시 효과가 없었다. 그런데 뜻하지 않게 기생충 감염 치료가 결석률을 25퍼센트나 줄였다. 출석 일수가 2주 늘었고 치료비 100달러당 추가 출석일이 10년이나 늘어났다. 아주 적은 비용으로 최대 효과를 거둔 것이다.

무슨 일을 할 때 이미 관심과 자금이 집중된 곳에 투자하는 것보다는 방치된 분야에 투자하는 것이 효과적이다. 특정 분야에 많은 관심이 쏟아지고 자금이 모였는데 그 분야에 추가 지원하는 건 의미가 없다. 대표적인 것이 긴급 재해 투자다. 2011년 일본 도호쿠 지방의 지진으로 1만 5,000명의 사망자가 발생하고 사망자 1인당 무려 33만 달러의 성금이 모였다. 하지만 훨씬 많은 아이들을 죽이는 결핵 같은 병에는 고작 1만 5,000달러가 지원된다. 이처럼 긴급 재난 구조 활동은 오랜 기간에 걸쳐 검증된 보건 사업에 비해 비용은 많이 들고 효율은 떨어진다.

윤리적 소비도 그렇다. 아동 착취를 통해 만든 물건이라는 뉴스에 사람들은 분개하고 그 회사 제품을 사지 않으려 한다. 과연 그게 진실일까? 가난한 나라에서는 노동 착취 공장이 그나마 좋은 일거리다. 이런 직업이 사라지면 할 일이라곤 훨씬 열악한 농장 일이나 넝마주이 일뿐이다. 진보와 보수

기업은 비영리단체처럼
사명을 중시해야 하고, 비영리단체는
기업처럼 생산성을 중시해야 한다.
선한 일을 한다고 해서 생산성으로부터
자유로울 수 있는 것은 아니다.

를 막론하고 경제학자들은 노동 착취 공장이 가난한 나라에 득이 된다는 데 의문을 달지 않는다. 폴 크루그먼은 "내가 걱정하는 건 노동 착취 공장이 너무 많은 게 아니라 너무 적다는 것이다"라고 말한다. 노동 착취 공장을 옹호하는 이유는 노동집약적 제조업이 부유한 산업사회로 나아가는 징검다리 역할을 하기 때문이다.

공정 무역도 그렇다. 공정 무역 제품을 구입한다고 가난한 나라의 빈곤층에게 수익이 돌아가는 것은 아니다. 기준이 까다롭기 때문이다. 추가로 지불한 돈 중 농부들의 수중에 떨어지는 건 극히 일부이고 나머지는 중개인이 갖는다. 생산자에게 돌아가는 그 적은 몫마저 더 많은 임금으로 바뀐다는 보장도 없다. 의도와는 달리 별 효과가 없는 것이다.

그럼에도 불구하고 우리는 더욱 적극적으로 이런 일에 나서야 한다. 생각보다 훨씬 큰 힘을 갖고 있기 때문이다. 다만, 인지하지 못하는 것뿐이다. 부유한 나라에 사는 우리 대다수는 엄청난 힘을 갖고 있다. 연소득이 5만 2,000달러 이상이면 전 세계 상위 1퍼센트에 해당한다. 하루 수입이 1.5달러 미만인 극빈층이 12억 2,000만 명이고 이는 전 세계 인구의 20퍼센트에 해당한다.

극빈층은 수입 대부분을 식비로 쓰지만 하루 섭취 열량

이 1,400칼로리에 불과하다. 같은 돈도 극빈층을 위해 쓴다면 그들에게 큰 편익을 제공할 수 있다. 같은 비용으로 자신보다 빈곤층에 최소 100배의 더 큰 혜택을 줄 수 있다. 대부분의 사람들은 내가 도와봤자 양동이에 물 한 방울 보태는격이라고 생각하지만 그렇지 않다. 우리에겐 물 한 방울이지만 그들에겐 큰 양동이의 물에 해당한다.

선한 일도 효과적으로 해야 한다. 효과성이란 무얼까? 르완다에서 수십만의 투치족이 학살당하던 당시 현장에서 환자를 살리기 위해 동분서주했던 의사 오르빈스키는 당시를 이렇게 회상한다. "부상자가 넘친다. 환자 이마에 테이프를 붙였다. 1은 즉시 치료, 2는 24시간 내 치료, 3은 치료 불가능으로 구분하고 치료를 했다. 넘쳐나는 환자를 모두 구할 수는 없다. 등급을 나누지 않았다면 더 많은 사람들이 죽었을 것이다." 돈과 시간 배분도 그렇다. 이타주의의 생산성을 높이기 위해서는 가장 효율적인 방법을 결정해야 한다. 즉각 해결 가능한 것, 영양가가 적은 것, 미뤄도 될 것을 구분하는 것이다. 이를 위한 5가지 질문이 있다.

첫째, 얼마나 많은 사람에게 얼마나 큰 혜택이 돌아가는지 봐야 한다. 다양한 선행 방식들이 타인의 삶에 구체적으로 어떤 영향을 미치는지 판단하고 도움이 되지 않는 일에는 시간과 돈을 낭비하지 않도록 해야 한다. 둘째, 이것이 최선의 방법인가를 고민해야 한다. 그저 좋은 선행으로 그치는 것이 아니라 최대의 효과를 이끌어내는 선행에 힘을 쏟을 수 있도록 해야 한다. 셋째, 방치되고 있는 분야는 없는지 살펴야 한다. 관심을 덜 받고 있지만 세상을 변화시킬 수 있는 기회가 숨어 있는 분야에 초점을 맞춰야 한다. 넷째, 그렇게 하지 않았다면 어떻게 됐을까를 생각해야 한다. 군이 우리가 개입하지 않아도 어차피 좋은 결과를 거둘 수 있는 일에 헛된 노력을 쏟지 않아야 한다. 다섯째, 성공 가능성은 어느 정도이고 성공했을 때의 효과는 어느 정도인지 봐야 한다. 성과가 적은 일과 실현 가능성은 낮아도 성공만 하면 막대한 보상이 따르는 일을 가려낼 수 있어야 한다.

피터 드러커는 "기업은 비영리단체처럼, 비영리단체는 기업처럼"이라고 주장했다. 기업은 비영리단체처럼 사명을 중시해야 하고, 비영리단체는 기업처럼 생산성을 중시하라는 것이다. 선한 일을 한다고 해서 생산성으로부터 자유로울 수 있는 것은 아니다. 선하다는 걸 무기 삼아 엉뚱한 곳에 돈을 쓰고, 생산성과는 무관하게 활동하는 비영리단체에게 전하고 싶은 말이다.

불필요한 만남을
정리하라

기업의 생산성을 가장 저해하는 요인은 무엇일까? 바로 회의다. 망해가는 회사의 공통점 중 하나는 지나치게 회의가 많다는 것이다. 그래서 난 회의에 회의적이다. 개인은 어떨까? 개인의 생산성을 가장 저해하는 것은 쓸데없는 만남이나 모임이다. 물론 만남은 중요하다. 누군가를 만나서 얘기를 나누고 뭔가를 배우고 관계에서 오는 즐거움을 갖는 건 가치 있는 일이다. 문제는 쓸데없는 만남이나 과도한 모임이다. 그런 것에 너무 많은 시간을 쓴다. 주변에 그런 사람들이 제법 많다. 하루도 빠짐없이 점심 저녁에 모임을 갖고, 저녁 모임을 두세 번 뛰는 사람도 있다. 주말이면 몇 탕씩 결혼식도 참석한다.

왜 그렇게 기를 쓰고 만나는 것일까? 왜 자꾸 모임을 만드는 것일까? 자주 만나면 친해질까? 시간과 비용을 쓰는 만큼 뭔가를 배우고 얻어 가는가? 반드시 그런 것 같지는 않다. 단체로 자주 만나다 보면 편이 갈리기도 하고 상대를 너무 잘 알면서 오히려 편견이 생기기도 한다. 개인의 생산성을 평가하기 위해서는 이런 만남을 어떻게 해야 할까?

첫째, 시간과 비용과 에너지를 어디에 쓰는지, 그만한 결과물이 있는지 살펴봐야 한다. 결과물은 재미가 있든지 의미가 있든지 돈이 되든지 셋 중 하나다. 둘째, 정말 시간을 써야 하는데 시간 부족을 이유로 차일피일 미루고 있는 게 무언지 확인해야 한다. 대표적인 것이 운동과 독서, 그리고 가족과 보내는 시간이다. 현재 여러분은 어떤가? 만약 엉뚱한 곳에 시간과 비용을 쓰고 있다면 시간을 낭비하는 것이다. 아니, 인생을 허비하는 중이다. 낭비가 뭐냐고? 하면 좋은 일을 하느라 정말 해야 할 일을 하지 않는 것이다.

10개가 넘는 모임의 총무를 맡고 있는 사람이 있다. 직업이 총무인 셈이다. 제 시간에 집에 들어가는 날이 거의 없다. 주말에는 몇 개씩 모임을 전전한다. 하루도 집에서 쉬는 날이 없다. 당연히 운동할 시간도 책 읽을 시간도 없고, 가족들과 차분히 지내지도 못한다. 주중에도 모임 관련 일로 늘 스마트폰에 얼굴을 파묻고 산다.

왜 그렇게 미친 듯이 모임에 집착할까? 불안이 원인이다. 불안으로부터 도피하기 위해 이 모임 저 모임 나가는 것이다. 사람이 불안하면 누군가를 만나려 한다. 혼자 있으면 불안하지만 사람들과 있으면 조금 안심이 되기 때문이다. 만나서는 자꾸 일을 만든다. 주로 파티나 놀러 갈 궁리를 한다. 단풍놀이 계획도 세우고, 해외여행도 가자고 한다. 모이면 하는 일의 대부분은 시간과 돈을 쓸 궁리다. 물론 이런 일도 필요하다. 하지만 소는 누가 키우나? 공부는 언제 하나? 운동은 언제 할 것인가?

만남이란 무엇일까? 왜 만나야 하는 것일까? 어떤 만남이 가치가 있는 것일까? 내가 생각하는 만남의 정의는 눈뜸이다. 눈이 번쩍 떠지는 만남이 가치가 있다. 그런 모임은 얼마든지 나가야 한다. 현재 참여하는 모임 중 눈이 떠지는 모임이 얼마나 있는가? 꽤 많은 모임은 눈이 떠지는 대신 눈이 감긴다. 늘 만나던 사람을 자주 만나면 서로에게 질린다. 그사람이 어떤 사람인지, 그가 어떤 소재로 대화할지 뻔하다. 안 봐도 비디오다. 그런 모임은 횟수를 줄이는 게 좋다.

대신 눈을 번쩍 뜨게 만드는 만남이 좋다. 대표적인 것이 독서다. 독서만큼 좋은 만남은 없다. 읽고 싶은 책, 읽어야 할 책이 있으면 난 가슴이 설렌다. 자신과의 만남도 필요하다. 혼자 있어야 나를 만날 수 있다. 남을 만나는 것도 필요하지만 정말 중요한 나를 만나야 한다. 운동도 나를 만나는 방법이다. 근육 운동을 하다 보면 또 다른 내가 말을 걸어온다.

불필요한 만남을 줄이거나 정리해야 한다. 의례적인 모임, 주기적으로 만나지만 새로운 것도 배울 것도 없는 모임, 가치를 주지도 받지도 못하는 모임은 가능한 줄이는 것이 좋다. 난 단체로 만나는 모임은 거의 나가지 않는다. 사람이 많으면 누군가 모임을 주도할 수밖에 없다. 그런 자리는 몇 사람이 주도하고 나머지는 관객으로 남는다. 가끔은 그럴 수도 있지만 이런 모임을 반복하다 보면 매번 비슷한 사람의 비슷한 얘기를 들어야 한다.

새로울 것도 배울 것도 없는 지루한 얼굴이 하는 그저 그런 얘기를 반복적으로 들어야 할 이유는 없다. 얘기를 나누고 싶은 사람과는 얘기하지 못하고 엉뚱한 얘기를 들을 수밖에 없다. 마치 결혼식장에서 주인공 목소리는 듣지 못하고 주례사만 잔뜩 듣고 올 때처럼 허무하다. 의무감에서 만나는 사람, 만나기 싫지만 할 수 없이 만나는 사람, 만나고 나면 기분이 언짢아지는 사람은 정리해야 한다. 생산성 향상은 불필요한 만남의 정리에서부터 출발해야 한다.

의무감에서 만나는 사람,
만나기 싫지만 할 수 없이 만나는 사람,
만나고 나면 기분이 언짢아지는 사람은
정리해야 한다. 생산성 향상은
불필요한 만남의 정리에서부터
출발해야 한다.

생산성을
높이는 교육

로봇을 제작하는 한 중소기업 대표는 직원 교육에 목숨을 걸었다는 얘기를 자주 한다. "저희 같은 중소기업에는 우수한 사람들이 오지 않습니다. 왔다가도 얼마 안 있어 그만둡니다. 하지만 업 자체가 지식 집약적이기 때문에 우수한 사람들 없이는 생존이 불가능합니다. 그래서 생각한 화두가 바로 직원 교육입니다. 그 외에는 방법이 없다고 판단한 것이지요. 제 비전은 최고로 우수하지는 않지만 그런대로 쓸 만한 사람들을 채용해 교육을 통해 그들을 정예 부대로 키우는 겁니다."

교육의 중요성은 아무리 강조해도 지나치지 않다. 교육은 밝은 미래로 들어가게 해주는 여권이기 때문이다. 그리고 여건은 늘 미리 준비해놓아야 한다. 하지만 가장 생산성이 떨어지는 분야가 교육이다. 투자 대비 효과가 별로 좋지 않다. 내가 생각하는 기업 교육의 생산성 향상 방안은 다음과 같다.

첫째, 전사 측면에서 접근해야 한다. 교육을 하러 갈 때마다 느끼는 것 중의 하나는 전체 그림이 잘 그려지지 않는다는 점이다. 담당자 역시 전체 그림과 연계하여 생각하지 않는 경우가 종종 있다. 교육 자체가 목적이 될 수는 없다. 교육을 왜 하려는지, 이 교육을 통해 어떤 성과를 거두려는 것인지를 명확히 해야 한다.

이를 위해서는 올해 회사가 추구하는 방향이 어떤 것인지, 이 교육이 회사 비전과 어떻게 같은 방향으로 정렬되어 있는지를 명확히 해야 한다. 맹목적인 교육의 가장 큰 부작용은 교육에 대한 내성이다. 교육의 목표인 행동 변화가 일어나는 것이 아니라, 강사가 어떻다느니 다 아는 얘기라느니 하면서 평론가로 바뀌는 것이다.

둘째, 전략적이어야 한다. 교육도 경영이다. 최소의 비용과 시간을 투자해 최대 효과를 거두어야 한다. 이는 회사 상황에 따라 달라진다. 주어진 예산을 n분의 1 해서 직급별로 교육할 수도 있고, 반대로 어느 계층에 좀 더 많은 투자를 할 수도 있다. 하지만 주어진 예산 범위 내에서 상사가 시키는 대로 요즘 잘나가는 강사를 섭외해서 교육하는 것은 비효과적이다. 좋은 얘기를 재미있게 하니까 그럴 듯한 교육이 이루어진 것으로 생각하지만 나중에 보면 남는 게 없다. 초점이 맞지 않기 때문에 성과로 연결되기도 어렵다.

난 개인적으로 상후하박上厚下薄 을 선호한다. 일명 역삼각 형식의 교육 투자다. 높은 사람에게 교육을 많이 시키고 신입이나 낮은 직급에는 예산을 적게 쓰는 것이다. 교육을 받은 높은 사람으로 하여금 직원 교육을 하게 한다. 그들의 행동이 변하면 교육을 시키지 않아도 아랫사람들은 변한다. 하지만 그들이 변하지 않으면 아무리 말을 해도 직원들은 변하지 않는다. 대부분의 기업은 반대로 한다. 신입 사원 교육, 신임 과장 교육은 열심히 하지만 임원 교육은 거의 이루어지지 않는다. 사장은 회사를 만든 이후로 교육을 받은 적이 없다. 예전 생각과 사고방식이 굳어진 그 상태로 있다. 교육을 받은 아랫사람의 눈과 기대치는 높아지는데 윗사람은 기대에 부응하지 못한다.

셋째, 교육을 차별화와 동기 부여의 수단으로 사용해야 한다. 무분별한 교육, 아무런 니즈가 없는 사람들에게 교육을 하는 것만큼 낭비도 없다. 그것은 회사에도 본인에게도 커다란 낭비다. 그런 사람은 자기 의지와는 상관없이 인질로 끌려

온 사람이다. 교육에 관심이 있을 리 없다. 먹기 싫은 밥을 억지로 먹이려는 것과 같다. 교육 분위기나 깨트리지 아무 도움이 되지 않는다.

하지만 한국 기업에는 이 같은 일이 부지기수로 일어난다. 그러다 보니 액션러닝, 롤플레이, 게임 같은 참여식 방법을 사용하기 어렵다. 그들은 제발 자신들을 가만히 내버려두고 알아서 강의나 해달라고 호소한다. 결국 재미 위주로 교육을 할 수밖에 없다. 왜 그렇게 하는가? 특히 리더십은 리더 역할을 할 만한 사람만을 전략적으로 선발하여 교육시키되 제대로 교육해야 한다. GE는 10퍼센트 정도만을 대상으로 리더십 교육을 시키는데 거기 선발된 자체가 본인에게는 영광이다. 불특정 다수를 대상으로 하는 교육은 그만큼 효과가 적을 수밖에 없다.

넷째, 티칭teaching, 트레이닝training, 에듀케이션education을 구분해서 적절하게 사용해야 한다. 가장 중요한 건 토론식 교육이다. 티칭은 있는 사실, 아는 사실을 그대로 가르쳐주는 것이다. 자전거 타는 법, 젓갈 담그는 법을 가르치는 것이 그 예다. 트레이닝은 훈련을 뜻한다. 반복 훈련으로 몸에 배게 하는 것이다. 매를 훈련시키는 것이 그 예다. 이해보다는 반복을 통해 원하는 행동을 하게끔 한다. 에듀케이션은 스스로 배우고 깨닫게 하는 것을 의미한다. 사람들이 이미 알고 있는 것을 끄집어내고, 하나를 가르쳐주면 열을 알게 하는 것이 에 듀케이션이다.

기업 교육은 이 세 개가 다 필요하다. 하지만 높은 직급 일수록 토론을 통해 스스로 깨닫게 해야 한다. 특정 주제에 대해 공부하고, 자기 의견을 정립하고, 생각이 다른 사람들과 토론을 하는 것이다. 이게 가장 중요하다. 토론을 위해서는 우선 상대 얘기를 들을 수 있어야 한다. 호소력 있게 자기주장을 펼칠 수 있어야 한다. 의견이 다른 사람과 의견을 조정할 수 있어야 한다. 때로는 받아들이고, 때로는 양보하고, 때로는 강하게 밀어붙일 수도 있어야 한다. 남의 얘기를 일방적으로 듣는 것이 공부라는 착각에서 벗어나야 한다. 토론만이 이런 능력을 키울 수 있다.

다섯째, 리더 스스로 교육자가 되어야 한다. 조직은 교육자를 많이 만드는 역할을 해야 한다. CEO의 E는 교육education을 의미한다. 그만큼 리더의 가장 중요한 역할 중 하나가 교육이다. 높은 직급에 있는 사람일수록 교육이 중요한 역할이 되어야 한다. 아니, 가르칠 역량이 있는 사람이 리더가 되어야 한다. 미 해병대에서는 실전에서 탁월한 실력을 발휘한 장교들이 고급 장교나 장성으로 승진하기 위해 반드시 해병대 훈련 캠프 교관으로 2년간 근무해야 한다. 신병들에게 현장감 있는 훈련을 시킬 수 있어야 실전에 강한 병사들을 길러낼 수 있기 때문이다. 또한 남을 가르쳐봐야 실전에서 익힌 경험과 지혜들이 완전히 자기 것이 된다.

교육 하나로 세상을 바꿀 수는 없다. 하지만 교육 없이 세상을 바꿀 수는 없다. 교육의 목적은 사람을 변화시키고, 조직을 변화시키며, 그럼으로써 개인과 조직의 생산성을 높인다.

집중하는
힘

다재다능한 사람은 성공하지 못한다. 이것저것 하느라 집중하지 못하기 때문이다. 모든 것을 다 잘하려는 사람은 아무것도 잘할 수 없다. 물리적으로 불가능하다. 개인이건 조직이건 성공하기 위해서는 집중력이 필요하다. 특히 지금처럼 온갖 정보가 홍수처럼 밀려드는 시대에는 더욱 그렇다. 스마트폰은 블랙홀이다. 모든 사람의 시간과 정력을 미친 듯이 빨아들인다. 사람들은 화면을 보느라 정신을 차리지 못한다. 이럴 때 특히 집중력을 높이는 능력이 필요하다.

부자와 가난뱅이, 공부 잘하는 학생과 그렇지 못한 학생, 고수와 하수를 구분 짓는 것 중 하나가 집중력이다. 제한된 시간과 비용을 어디에 쓰느냐에 따라 결과가 달라진다. 같은 광선이지만 레이저는 대단한 파워가 있다. 주변 부위를 손상시키지 않고 병든 조직만 제거한다. 집중력 때문이다.

고수들은 적게 일하고 많이 번다. 하수들은 오래 일하지만 적게 번다. 고수는 남들이 하지 못하는 일, 대체할 수 없는 일, 그 사람이 아니면 할 수 없는 일을 한다. 하수는 누구나 할 수 있는 일을 한다. 처음부터 고수가 될 수는 없다. 남들과 다르기 위해서는 오랜 시간의 경험과 학습, 지식 축적이 필요하다. 집중력도 그중 하나다. 시간을 집중하고, 자원을 집중하고, 정신력을 집중할 수 있어야 한다. 집중할 수 있으면 고수, 집중하지 못하면 하수다. 당신은 어떠한가?

집중하기 위해서는 할 일보다 하지 말아야 할 일을 먼저 정해야 한다. 사람들은 반대로 한다. 이것도 해야 하고, 저것도 하려 한다. 결국 일에 치여 아무것도 못한다. 지레 지친다. 모든 것을 하려는 사람은 아무것도 하지 못한다. 정리 정돈의 개념이 필요하다. 처음부터 이 단계가 될 수는 없다. 복잡한 단계를 거쳐야 단순한 단계에 이를 수 있다.

사람의 성장 과정도 똑같다. 아기들은 번잡하다. 온갖 것에 관심이 있다. 호기심 덩어리다. 닥치는 대로 입에 넣고 만진다. 커가면서 차분해진다. 초년에는 세상 경험을 위해 다소 바쁘고 힘들고 번잡하게 사는 것도 괜찮다. 아니, 그래야 한다. 그래야 자신에 대해, 세상에 대해 많은 것을 알 수 있다. 여기저기 돌아다니고, 다양한 책도 읽고, 여러 사람도 만나고, 조직 생활도 하면서 경험을 축적해야 한다. 그렇게 서서히 내가 무얼 좋아하고 잘하는지, 뭘 해야 하는지 하지 말아야 하는지 알게 된다.

집중력을 높이기 위해서는 나만의 황금 시간대를 가져야 한다. 아무 방해도 받지 않고 온전히 집중하는 시간과 장소가 필요하다. 내게는 새벽 시간이 그런 시간이다. 나는 평균 새벽 4시쯤 일어나 서재에서 오전 10시까지 6시간쯤 글을 쓴다. 강의나 다른 일로 가끔 못하는 경우도 있지만 별일 없으면 자동으로 일어나 글을 쓴다. 그 시간에는 어떤 방해도 없다. 머리도 수정처럼 맑다. 어떤 때는 나의 지식 생산성에 스스로 놀라기도 한다. 어떻게 이렇게 많은 일을 그 짧은 시간에 할 수 있는지 내 자신이 대견스럽기까지 하다. 이후 시간은 대충 보낸다. 운동도 하고, 지인들을 만나 밥도 먹고, 영화도 보고, 술도 마시고……. 남들과 하등 다를 게 없다. 그 결과물이 바로 책이다. 이제까지 35권을 썼다. 1년에 평균 두 권은 가볍게 쓴다. 이게 집중력의 힘이다.

운동에도 집중력이 필요하다. 최악은 '생각 많음'이다.

이 생각 저 생각하다 경기를 망치는 것이다. 골프 선수 최경주는 그런 경험이 있다. 다른 생각을 하지 않은 덕분에 우승을 했다. 2007년 AT&T 대회 당시 3라운드가 끝났을 때 선두에 2타차로 뒤지고 있었다. 그날 밤 아내가 최경주에게 성경을 내밀었다. 이 구절을 읽어보라는 것이다. 요한복음 15장 16절이었다. "너희가 나를 택한 것이 아니요 내가 너희를 택하여 세웠나니 이는 너희로 가서 과실을 맺게 하고 또 너희 과실이 항상 있게 하여 내 이름으로 아버지께 무엇을 구하든지 다 받게 하려 함이니라." 그는 암기를 정말 못한다. 자기 전 두 시간 동안 그 구절을 외웠다.

하지만 필드에 나가자 기억이 나지 않았다. 너무 긴장을 했기 때문이다. '너희가'라는 첫 구절만 생각났다. 볼을 치지 않을 수는 없으니까 계속 기억을 되살리면서 경기를 했다. 2, 3, 4번 홀 계속 그랬다. 스코어 카드 기록은 아예 캐디에게 맡기고 경기를 했다. 오로지 다음 구절이 뭐였지만 생각했다. 그러다 15번 홀에서 전광판을 봤는데 자기 이름이 1위에 있었다. 그 순간 신기하게 성경 구절이 생각이 났다. 17번 홀에서는 그림 같은 벙커샷이 홀인을 해서 버디를 잡았고 결국 우승을 했다.

만약 1번 홀부터 성경 구절이 생각났다면 어땠을까? 그럼 온갖 생각을 다 하며 공을 쳤을 것이다. '이 홀에선 이렇게 쳐야지, 저 홀에선 저렇게 쳐야지……' 거기다 승부에 대한 엄청난 중압감, 미디어와 경쟁자들이 주는 압박감에 시달렸을 것이다. 까먹은 성경 구절 덕분에 중압감을 안 느끼고 공을 칠 수 있었던 것이다.

집중하기 위해서는 우선순위가 중요하다. 내게 가장 중요한 것이 무엇인지를 먼저 결정하는 것이다. 이후 남는 시간에 덜 중요한 것을 배치해야 한다. 내 경우는 글 쓰는 시간과 운동하는 시간이 최우선순위다. 이를 위해 나는 가능한 한 저녁 약속을 잡지 않는다. 저녁 늦게까지 놀다 보면 다음 날 새벽에 일어나는 것이 힘들기 때문이다.

또 다른 하나는 요청에 대한 대응이다. 살다 보면 내 시간을 요구하는 수많은 일들이 일어난다. 이에 응하다 보면 정말 죽도 밥도 되지 않는다. 내 인생이 아니고 남을 위한 인생이 되고 만다. 그렇기 때문에 거절을 잘해야 한다. 무슨 일을 할 것인가를 결정하기 전에 무슨 일을 하지 말아야 할 것인지를 결정해야 한다. 그게 올바른 순서다. 확실하게 맺고 끊을 수 있어야 한다.

스티브 잡스는 "집중이란 집중할 일에 예스라고 답하는 것이 아니다. 다른 좋은 아이디어 수백 개에 노라고 말하는

집중하기 위해서는
우선순위가 중요하다.
내게 가장 중요한 것이 무엇인지를
먼저 결정하는 것이다.
이후 남는 시간에
덜 중요한 것을 배치해야 한다.

게 집중이다. 실제 내가 이룬 것만큼이나 하지 않은 일도 자랑스럽다. 혁신이란 1,000가지를 퇴짜 놓는 것이다"라고 말했다. 또한 알렉산더 벨은 "초점을 맞추기 전까지 햇빛은 아무것도 태우지 못한다"고 말했다. 당신이 잘할 수 있는 일에 집중하면 그 집중력이 인생을 살릴 것이다.

선택과
집중

바둑 천재 조훈현은 바둑 외에는 잘하는 것이 없다. 운전도 못하고, 신용카드 쓰는 법도 모르고, 집안일도 못한다. 그래서 이사를 갈 때는 아예 밖을 떠돌다 이사가 끝난 후 집으로 들어가고, 어디 갈 때는 부인 차를 얻어 탄다. 하지만 바둑만은 끝내주게 둔다.

M&M초콜릿, 펫 사료 등으로 유명한 마즈는 매출이 40조 원 가까이 되는 글로벌 기업이다. 자사 제품을 위한 포장 회사, 물류 회사, IT 회사를 운영하면 돈을 더 벌 수 있지만 절대 그렇게 하지 않는다. 자기들이 정말 잘할 수 있는 것에만 에너지를 쓰고 싶기 때문이다. 경영 효율화는 '선택과

집중'을 통한 성장과 가치 창출의 극대화다.

효과적이라는 말은 자기가 할 수 있는 일, 잘할 수 있는 일을 선택하고 거기에 모든 자원을 집중하는 것이다. 할 수 없는 일, 잘하지 못하는 일은 하지 않는 것이다. 하지만 현실은 그렇지 않다. 무엇이든 잘하려고 하고 그런 사람을 칭송한다. 기업도 돈이 되는 일이면 가리지 않고 한다. 그런데 팔방미인이란 뒤집어 생각하면 제대로 하는 것이 없는 사람이다. 모든 것을 잘하는 것은 제대로 하는 것이 없다는 의미다. 기업도 그렇다. 그런 의미에서 경영자가 할 일은 두 가지다. 정확한 방향을 제시하는 것과 할 일과 하지 않을 일을 명확히 구분하는 것이다. 바로 선택과 집중이다.

선택이란 무엇일까? 무엇을 할 것인가 결정하기 전에 하지 말아야 할 것을 정하는 것이다. 선택을 위해서는 정리 정돈의 프로세스가 필요하다. 정리는 버리는 것이고, 정돈은 버린 후 찾기 쉽게 재배치하는 것을 뜻한다. 선택도 그렇다. 선택이라 하면 이것도 해야 하고, 저것도 필요하다고 생각한다. 나중엔 일에 치여 죽도 밥도 안 된다. 선택은 하지 말아야 할 일을 먼저 결정하는 것이다. 그래서 여유를 얻고 그걸로 정말 잘하는 일, 하고 싶은 일을 하는 과정이다. 불필요한 일들이 정말 중요하고 필요한 일을 방해하면 안 된다.

선택과 집중의 중요성을 모르는 기업은 없지만 이를 실행으로 옮기는 곳은 드물다. 정신없이 일하다 보니 벌어지는 현상이다. 그러다 보면 어느 날 돌이킬 수 없는 위기가 찾아온다. 이를 방지하는 최선의 방법은 혼자만의 시간을 갖는 것이다. 모든 것과 단절하고 차분히 자신의 과거와 현재를 돌아보는 것이다. 지금 행복한지, 지금 하는 일을 죽을 때까지 해도 괜찮은지, 그래도 후회하지 않을 자신이 있는지……. 조직도 혼자만의 시간이 필요하다.

마케팅 회사 컨버세이션스Conversations는 매우 빠른 속도로 성장 중이다. 이 회사는 매월 첫째 월요일을 두낫콜데이Do not call day로 정했는데, 그날은 전화와 이메일을 할 수도 받을 수도 없다. 특정한 업무도 없다. 대신 회의실 한곳에 자리 잡고 앉아 하루 종일 자유롭게 얘기하고 생각하면서 보낸다. 계속 바쁘게 일만 하다 보면 정말 중요한 게 뭔지 놓칠 수 있기 때문에 만든 시간이다.

정말 소중한 것을 알기 위해서는 가끔 숨을 가다듬고, 주위를 돌아보며, 생각할 시간을 가져야 한다. 선택한 후에는 집중할 수 있어야 한다. 지금 하는 일, 앞으로 하고자 하는 일이 우리가 세운 목표와 같은 방향으로 정렬되어 있는지 끊임없이 따져봐야 한다. 만약 목표와 거리가 있는 일을 하고 있

다면 과감히 버려야 한다. 목표를 달성하는 데 정말 도움이 될 만한 일을 찾아 에너지를 집중해야 한다

주변에 정신없이 사는 사람들이 많다. 남들이 하는 건 다 해보려고 한다. 철 따라 꽃구경도 하고 단풍놀이도 한다. 골프도 쳐야 하고, 일 년에 두세 번은 종교 순례도 가야 한다. 운동도 하고 친교 활동도 한다. 공부 욕심도 많아 온갖 모임은 다 쫓아다닌다. 하루도 빈 날이 없다. 몇 달치 점심 저녁 약속이 다 차 있다. 그러다 보니 늘 피곤하다. 몸 전체가 그걸 얘기하고 있다. 또 제대로 하는 일도 없다. 다 변죽만 울린다는 느낌이다.

모든 일을 다 하려는 것은 결국 아무것도 하지 않으려는 것과 같다. 팔방미인은 제대로 하는 게 없는 사람을 좋게 부르는 또 다른 표현일지도 모른다.

지금 하는 일,
앞으로 하고자 하는 일이
우리가 세운 목표와
같은 방향으로 정렬되어 있는지
끊임없이 따져봐야 한다.

한계에
도전하라

레이저를 사용한 수술이나 치료 과정이 각광받고 있다. 주변 부위를 손상시키지 않고 병든 조직만 제거할 수 있기 때문인데, 그 비결은 집중력이다. 레이저 광선의 집중력은 간단하지만, 대단한 위력을 발휘한다. 불가능해 보이는 목표를 실현하도록 해준다. 만약 개인과 조직이 그런 집중력을 발휘할 수 있다면 엄청난 성과를 낼 수 있다.

집중의 전 단계는 에너지를 만들어내는 것이다. 뭔가 에너지가 있어야 집중을 해도 힘을 발휘할 수 있다. 이를 위해서는 우선 사람들과 친밀하고 자연스럽게 행동할 수 있어야 한다. 쓸데없는 곳에 에너지를 사용하지 않아야 한다. 실수나 실패에 대해 솔직해야 한다. 그래야 믿음과 존경을 얻을 수 있다. 일에만 관심을 두지 말고 사람들에게 관심을 두는 매니저가 되어야 한다. 친밀한 관계는 높은 성과를 위한 일종의 인프라다.

즐거운 분위기의 일터도 성과를 위한 기본 사항이다. 성공한 가정과 조직의 공통점은 웃음이 많다는 것이다. 웃음이 사라진 직장은 대부분 별 볼일 없는 조직이다. 히딩크 감독이 처음 한국 축구 대표팀을 맡았을 때 강조한 점이 바로 즐기는 축구다. 열심히 이를 악물고 하는 축구보다 즐기는 축구가 성과도 내고 오래갈 수 있다. 무엇이든 즐길 수 있을 때 최고의 성과를 낸다. 또한 집중력은 리듬감을 필요로 한다. 쉴 때 쉴 수 있어야 이를 유지할 수 있다. 그래서 적절한 휴식이 필수적이다. 일하는 틈틈이, 큰일과 큰일 사이에 창조적으로 쉴 수 있어야 한다. 쉬는 것에 죄책감이 들지 않는 환경을 조성해야 한다.

쓸데없는 데에 시간을 쓰지 말아야 하는 대표적인 일이 바로 불필요한 회의다. 회의는 대부분의 사람을 소극적으로 만든다. 한두 사람만이 일방적으로 이야기하고 나머지는 듣기만 하기 때문이다. 경영 전문가인 리사 헤인버그는《집중》이라는 책에서 회의 대신 허들을 이용하면 집중력을 높일 수 있다고 말한다. 허들은 소그룹 단위로 이루어지는 짧고 활기 있는 대화를 말한다. 길고 지루한 회의는 사람들의 진을 빼지만 허들은 팀원들이 우선순위에 집중하고 있는지, 그것을 명확히 알고 동의하고 있는지 확인시켜준다. 유대감을 갖게 하고 게임의 흐름을 알게 하며 당신과 팀을 연결해준다.

모 외식업체의 종업원과 스태프는 하루 일과 시작 전 간단히 얘기를 나눈다. 오늘의 요리, 오늘 준비할 수 없는 요리, 이전 교대조에게 들어야 할 조언, 그날의 특별 파티나 이벤트 등이 그 내용이다. 디즈니월드도 마찬가지다. 놀이 기구, 음식 서비스, 상품, 보호소, 엔터테인먼트 담당자들이 만나 그날의 활동, 예상 인원, 날씨 정보를 공유하는 허들을 가진다. 이렇게 결정적인 정보를 공유함으로써 쇼에 어떤 변화가 생길지 예상하고 대응할 수 있다.

허들은 운동 경기에서도 중요한 커뮤니케이션 수단이다. 선수들이 연습과 시합에서 레이저처럼 집중하고 있는지 확인시켜준다. MBWA Management By Walking Around도 그렇다. 직원을 부르지 않고 매니저가 직접 현장을 돌아다니면서 팀원들과 얘기를 나누고 결재를 해주며 애로 사항도 해결해준다. 이는 자발적이고 비공식적이며 반응이 빠르다. 현장을 이해할 수 있고 직원과 친목도 다질 수 있다.

집중하기 위해서는 한계에 도전해야 한다. 2003년 골프 여제 안니카 소렌스탐은 PGA 투어인 콜로니얼 토너먼트에 출전했다. 열심히 했지만 컷오프 당했다. 왜 남자 프로 경기에 출전했는지 이유를 묻자 그녀는 "자신이 얼마만큼 할 수 있는지 알고 싶었고, 게임에 활력을 불어넣고 싶었기 때문"이라고 대답했다. 개인적으로 자신의 한계를 알고 싶었던 것이다. 그다음 시즌 그녀는 18개 대회에 출전해 16개 경기에서 톱 10에 들었고 그중 여덟 번을 우승했다.

집중하기 위해서는 한계에 대한 도전이 필요하다. 매일 그렇고 그런 일만 한다면 집중력을 발휘할 수 없다. 집중력은 자극이 필요한데 그게 바로 도전이다. 사람들은 도전에 직면해야 비로소 자신의 잠재력을 발견할 수 있다. 자기 능력을 발휘해야 할 필요가 있을 때까지는 절대 자신의 잠재력을 알지 못한다. 도전은 집중력을 높이는 좋은 수단이다.

자극과 개선이 없으면 집중력도 발휘할 수 없다. 이를 위해 필요한 것이 피드백과 피드포워드다. 피드백은 개선을 위한 제안, 새로운 제품과 서비스에 대한 혁신적인 아이디어, 리더의 성향에 관한 의견을 개진하는 방법이다. 하지만 미래보다는 과거 사건에 더 집중한다. 피드백은 확장성이 강하고 역동적이지 않으며 한정적이고 정적이다.

피드백이 필요하긴 하지만 피드백보다는 피드포워드가 중요하다. 피드포워드는 과거보다는 미래에 초점을 맞춘다. 복습보다는 앞으로 할 일에 집중하게 해준다. 피드백은 실수를 증명하지만 피드포워드는 앞으로 할 일을 더 잘 하도록 돕는다. 피드백은 부정적 측면이 강하지만 피드포워드는 훨씬 긍정적이다. 문제제기보다 해결법에 초점을 맞춘다.

앞서 언급한 《집중》이라는 책에 의하면, 멀티태스킹 대신 청킹chunking(덩어리로 묶어 인식하는 인지심리학의 한 방법)을 하는 것도 집중력을 높일 수 있다. 시간은 없다. 할 일은 많다. 그러므로 주어진 시간에 최대한 많은 일을 하기 위해서는 동시에 여러 가지 일을 해야만 한다. 이것이 멀티태스킹을 하는 사람들의 가설이다. 메신저를 하면서 글을 쓰고 동시에 강의를 듣는다. 간간히 동료들 얘기에도 끼어든다. 음료수도 마신다. 하지만 멀티태스킹은 효과적인 방법이 아니다. 관심을 한 곳에서 다른 곳으로 옮겨갈 때 많은 시간과 에너지가 소요되기 때문이다.

이것의 대안이 청킹이다. 청킹은 뭉텅이 시간을 확보해 한 부분에 집중하는 것이다. 일주일에 해야 할 일 몇 가지를 큰 묶음으로 만들고 거기에 집중하는 것이다. 하루 몇 시간은 집중해서 혼자 일하고 나머지 시간은 다른 사람들과 함께 일

집중력은 자극이 필요한데
그게 바로 도전이다.
사람들은 도전에 직면해야
비로소 자신의 잠재력을 발견할 수 있다.
자기 능력을 발휘해야 할 필요가 있을 때까지는
절대 자신의 잠재력을 알지 못한다.
도전은 집중력을 높이는 좋은 수단이다.

하라. 청킹을 함으로써 집중력과 생산력을 증진시킬 수 있다. 청킹은 한 가지 일에 집중하는 이점과 하루에 많은 일을 처리해야 하는 사람들의 필요를 결합시켜준다.

전략이란 중요한 일을 하기 위해 덜 중요한 일을 버리는 것이다. 집중도 그렇다. 제한된 시간을 최대한 활용하기 위해서는 덜 중요한 것을 버릴 수 있어야 한다. 이를 위해서는 거절하는 법을 배워야 한다. 불필요한 일을 버릴 수 있어야 한다. 오프라 윈프리는 "모든 것을 한꺼번에 다 가질 수 없고, 모든 것을 한꺼번에 다 할 수 없다는 것을 알게 되었다"고 말한다.

몰입하는
힘

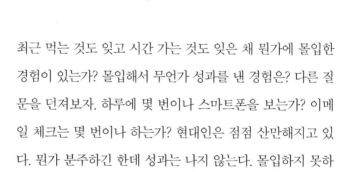

최근 먹는 것도 잊고 시간 가는 것도 잊은 채 뭔가에 몰입한 경험이 있는가? 몰입해서 무언가 성과를 낸 경험은? 다른 질문을 던져보자. 하루에 몇 번이나 스마트폰을 보는가? 이메일 체크는 몇 번이나 하는가? 현대인은 점점 산만해지고 있다. 뭔가 분주하긴 한데 성과는 나지 않는다. 몰입하지 못하기 때문이다.

몰입의 달인이 있다. 대학 졸업 후 10년 동안 네 권의 책을 썼다. 박사학위를 땄으며, 많은 논문을 썼고, 조지타운대의 조건부 종신 교수가 됐다. 대단한 일이다. 더 놀라운 건 일하는 방식이다. 주중에는 오후 6시 이후에 일하지 않는다. 몰입해서 일하기 때문이다. 그는 인터넷을 거의 하지 않는다. 소셜미디어도 하지 않는다. 2012년에야 처음 스마트폰을 썼다. 몰입을 위주로 일과를 짰고 어쩔 수 없는 자잘한 일은 자투리 시간에 신속하게 해치운다. 퇴근 이후 다음 날까지는 컴퓨터를 켜지 않는다. 인터넷을 끊고 가족과 시간을 충실히 보낸다.

몰입이란 정말 중요한 일에 집중할 수 있는 환경을 만들고 그것에 몰두하는 능력이다. 생산성의 큰 축이 바로 몰입이다. 이는 시간이 갈수록 더 중요하다. 이유는 두 가지다. 첫째, 급변하는 사회에서 우리는 늘 초심자일 수밖에 없다. 가치 있는 일을 하려면 늘 새로운 것을 신속하게 학습할 수 있어야 한다. 둘째, 어중간한 결과물로는 경쟁력이 없다. 뛰어난 성과를 위해 몰입은 필수적이다. 이를 위해서는 운동선수가 훈련하는 것처럼 정신을 계속해서 단련해야 한다. 집중을 위한 환경을 만들고 습관을 개발하고 익혀야 한다.

칼 뉴포트의 《딥 워크》를 보면, 현대인의 주의를 빼앗는 세 가지가 나온다. 개방형 사무실, 소셜미디어, 이메일이 그것이다. 개방형 사무실은 협업에는 좋아도 집중에는 좋지 않다. 늘 산만하다. 소셜미디어는 자신을 알리는 데는 유리할지 몰라도 고도의 집중력을 요구하는 콘텐츠 생산자들에게 부

많은 사람들은 여유가
행복을 가져온다고 생각한다.
일은 적게 하고 해변에서
많은 시간을 보내고 싶어 한다.
하지만 아이러니하게도 무료한 시간보다
일하는 시간이 즐기기 쉽다.
몰입 경험이 많을수록 삶의 만족도가 높아진다.

정적 영향을 끼친다. '좋아요'를 누르고 뭔가를 올리고 답을 하는 데는 엄청난 시간이 필요하다. 이메일도 그렇다. 우린 이메일에 너무 많은 시간을 쓴다. 정보를 옮기는 데 너무 많은 시간을 쓰는 것이다. 분주함은 생산성과 동의어가 아니다. 아니, 생산성의 가장 큰 장애물이다.

몰입이 중요한 것은 생산성을 위해서만은 아니다. 몰입 그 자체가 삶의 질을 올린다. 행복감과 충만함을 준다. 몰입의 달인 칙센트미하이는 이런 실험을 했다. 호출기를 주기적으로 울리고 그 순간 하던 일과 그때의 감정을 기록하는 것이다. 결론은 이렇다. 어렵고 가치 있는 일을 위해 육체나 정신을 한계까지 밀어붙일 때 최고의 순간이 온다. 많은 사람들은 여유가 행복을 가져온다고 생각한다. 일은 적게 하고 해변에서 많은 시간을 보내고 싶어 한다. 하지만 아이러니하게도 무료한 시간보다 일하는 시간이 즐기기 쉽다. 몰입 경험이 많을수록 삶의 만족도가 높아진다.

몰입을 위한
리추얼

《딥 워크》를 쓴 칼 뉴포트는 몰입을 일상에 접목하는 방식이 있다고 말한다. 첫째, 수도승 같은 생활이다. 모든 것을 끊고 한 가지 목표에 전념하는 것인데 보통 사람에게는 무리다. 둘째, 이원적 방식이다. 몰입하는 시간과 그렇지 않은 시간을 구분하는 것이다. 심리학자 융이 그렇게 했다. 그는 돌집에서 글을 쓸 때만 방해 요소를 제거했고 나머지 시간은 보통 사람처럼 행동한다. 생활을 위해 환자도 보고, 사람을 만나 커피도 마신다. 보통 사람에게 맞는 방식이다. 마지막은 기자의 방식이다. 필요할 때만 몰입하는 것이다. 이들은 보통 때는 정신없이 취재하고 다른 일을 한다. 그러다 마감 시간에 맞춰 글을 쓴다. 모드 체인지의 귀재들이다. 이런 모드 체인지는 쉽지 않다. 훈련이 필요하다.

몰입을 위해서는 나름의 리추얼이 필요하다. 다윈은《종의 기원》을 마무리하는 동안 엄격한 리추얼을 시행했다. 매일 아침 7시에 일어나 짧은 산책을 한다. 혼자 아침을 먹은 후 8시부터 9시 반까지 서재에서 글을 쓴다. 9시 반부터 한 시간 동안은 전날 온 편지를 읽고 정오까지 다시 서재에서 글을 쓴다. 집필을 마친 다음에는 집을 한 바퀴 돌면서 생각을 한다.

왜 이런 리추얼이 필요할까? 생산적인 삶을 위해서는 규칙적으로 생활하는 것이 필요하기 때문이다. 몰입을 위해서는 자신만의 장소와 시간이 필요하다. 나름의 작업 방식과 적절한 음식도 중요하다. 가벼운 운동도 해야 하고 미리 자료도 정리해두어야 한다. 그래야 몰입할 수 있다.

무엇보다 중요한 건 명확한 목표다. 목표가 있어야 하며, 그 목표는 적을수록 좋다. 가장 중요한 목표를 설정해 여기에 집중해야 한다. 주의력attention은 제한된 자원이다. 모두가 이를 놓고 경쟁한다. 정말 필요한 것, 중요한 것, 끌리는 것 하나를 정하고 나머지는 잊어야 한다. 몰입한 시간을 측정해 지표로 삼는 것도 중요하다. 이게 늘어나면 성과도 늘어난다.

그동안 나는 35권 정도의 책을 썼다. 평소에는 그렇지 않지만 책을 쓸 때는 나름의 방식으로 몰입을 한다. 생산성 관련 책을 쓰는 지금도 그렇다. 나는 1월에 책을 쓰기로 목표를 세웠다. 목표를 세우면 스케줄을 텅 비운다. 약속은 최소화하고 저녁 약속은 거의 없앤다. 쓸데없는 강연이나 자문을 줄이고 글쓰기에 가장 많은 시간을 투자한다. 새벽 4시에 일어나 서재에서 몇 시간 동안 글만 쓴다. 몰입하는 나 자신을 느낄 수 있다. 앙드레 가뇽 CD를 틀어놓고 글을 쓰는데 50분쯤 되는 시간이 순식간에 끝나 다시 음악을 튼다. 새벽에 서너 번쯤 이렇게 한다. 거의 네 시간 이상 몰입했다는 증거다.

여러분에게 정말 중요한 목표는 무엇인가? 방해 요인을 제거하고 환경을 만들고 거기에 몰입해보라. 성과는 물론 즐거움을 얻을 수 있다. 몰입은 그 자체가 행복이다. 생산성은 덤이다.

3

소통과 휴식의
생산성

제발 읽지
마라

모 은행 신임 지점장 교육을 간 적이 있다. 미리 가서 보니 행장이 바쁘다며 자기 말을 녹화해서 틀어주고 지점장들은 그 얘기를 듣고 있다. 지루하고 뻔한 내용이다. 최근 경영 지표를 늘어놓으면서 위기의식을 강조한다. 요즘 같은 무한경쟁 시대에 생존하기 위해서는 변화하고 혁신하라는 것이다. 구체적인 내용도, 개인적인 고백도, 재미난 스토리도 없는 그야말로 하나마나한 얘기를 거의 30분간에 걸쳐 늘어놓았다. 듣는 사람들도 지루한 표정이다. 무표정한 얼굴에 아무런 감흥도 변화도 없이 그저 기계적으로 듣고 있다.

난 도저히 이해할 수 없었다. 왜 저런 쓸데없는 일에 시간을 쓰고 있을까? 저런 비디오를 녹화해서 틀어주는 건 뭔가 지점장들에게 감동을 주어 행동 변화를 유도하기 위해서였을 것이다. 과연 그 목적을 달성했을까? 전혀 그렇지 않다. 모두의 시간을 낭비하는 쓸데없는 행위일 뿐이다. 행장은 행장대로 녹화하는 데 한 시간 이상 썼을 것이고, 50여 명이 넘는 지점장들 또한 30분 이상 시간을 썼다. 모두에게 아무런 유익을 가져다주지 못했다. 행장은 아무런 메시지도 전달하지 못했지만 뭔가 전달했다고 착각했을 것이고, 지점장들은 자신들이 별로 중요한 인물이 아니란 사실만을 확인했을 것이다.

뉴스 시간에 나오는 대통령도 그렇다. 매일 무언가를 읽는데 볼 때마다 마음이 답답하다. 왜 허구한 날 저렇게 뭔가를 읽을까? 저걸 쓰고 읽는 목적은 무얼까? 쓰고 읽으면서 자기 생각을 정리하는 것일까? 아니면 듣는 사람으로 하여금 각오를 다지게 하고 마음을 변화시키기 위한 것일까? 과연 듣는 사람들은 목적대로 그런 마음이 생길까? 저 원고는 누가 써주었을까? 본인이 생각해서 썼을까, 아니면 비서관들이 써주었을까?

아무리 생각해도 이도 저도 아니다. 소기의 목적을 달성하지 못했을 것이다. 쓰는 사람은 엄청 시간을 썼을 것이고,

듣는 사람도 듣느라 귀한 시간을 썼을 것이지만 영양가 있는 시간은 아니다. 차라리 원고를 써왔다면 같이 읽고 거기에 대한 각자의 생각을 나누면 어땠을까. 물론 기자들에게 오픈되지 않은 시간에 친밀감 있는 시간을 서로 나누었을 수도 있다. 내 생각이 제발 틀렸으면 하는 바람을 가져본다.

참 쓸데없는 일에 시간을 많이 쓴다. 기념일 같은 때 사람들을 잔뜩 모아놓고 뭔가를 읽는 것이 대표적이다. 사실, 이런 시간을 잘 활용하면 가치 있는 시간으로 만들 수 있다. 키워드만 정리해 눈을 보고 얘기하면 직원들의 마음을 움직일 수 있다. 회사 상황을 설명하고 직원들에게 협조를 구할 수도 있고, 비전을 설명하면서 직원들을 설득할 수도 있다. 자신이 원하는 대로 직원들을 이끌고 갈 수도 있다.

하지만 그 귀한 시간에 왜 원고를 읽어야만 하는 것일까? 목적이 뭘까? 준비한 원고를 읽는 건 모두에게 손해다. 일단 말하는 사람이 손해다. 말하는 사람은 목적 달성에 실패했다. 사람들에게 '저 사람은 원고를 보지 않고는 자기 생각조차 전하지 못하는 수준의 사람'이라는 사실만 각인시킬 뿐이다. 세상에 원고 읽는 걸 듣고 감동받는 사람은 없다.

그럼에도 왜 사람들은 원고를 읽을까? 보지 않고서는 얘기할 수 없을까? 원고를 보고 읽는다는 것은 내용을 자기 것으로 소화하지 못했다는 사실만 말할 뿐이다. 〈하우스 오브 카드〉라는 미드가 있다. 정치를 둘러싼 모략과 술수에 관한 드라마다. 나는 다른 것보다 주인공 캐빈 스페이시의 커뮤니케이션 능력에 감탄한다. 탁월하다. 완벽하게 소화해서 자기 것으로 만든 다음, 원고를 보지 않고 얘기한다.

사다리의 위로 올라갈수록 소통 능력이 중요하다. 소통에서 가장 중요한 것은 눈을 보고 얘기하는 것이다. 원고나 파워포인트 없이 자기 생각을 얘기할 수 있어야 한다. 그게 되지 않으면 차라리 아무 얘기도 하지 마라. 그게 모두를 살리는 길이다. 세상에서 제일 영양가 없는 이들이 남이 써준 원고를 읽는 높은 사람들이다. 그런 사람들은 절대 그 자리에 가면 안 되는 사람들이다. 한국이 정체 상태에 빠진 이유는 일반인의 수준은 높은데 높은 사람들의 수준이 낮기 때문이다. 원고를 읽는 사람은 수준이 낮은 사람이다.

핵심을 전하는
기술

온갖 정보가 넘쳐난다. 요즘 쏟아지는 정보를 보면 마치 소방호스로 물을 마시는 것과 같다. 전문직들은 하루 평균 304통의 이메일을 받는다. 이메일을 처리하는 데 일주일에 28시간을 쓴다. 하루 평균 150번 스마트폰을 확인한다. CEO는 하루 시간의 85퍼센트를 회의 혹은 공식 행사에 사용한다. 어디서나 외부와 연결되어 있다. 이렇게 분주하고 정보가 쏟아지는 현대인에게 가장 중요한 덕목은 바로 간결함이다.

간결함이란 무얼까? 핵심을 정확하게 전하는 기술이다. 간결함의 반대는 길게 말하면서 핵심이 없는 것이다. 대화가 끝난 후 상대로 하여금 "그래서 결론이 뭐야? 하라는 거야,

말라는 거야"라는 생각을 하게 만든다. 간결함은 시간의 문제가 아니다. 상대가 어떻게 느끼느냐의 문제다. 간결하다고 무조건 짧은 것이 아니다. 필요한 메시지를 잘 전달해 상대 마음을 움직이는 것이다.

당신은 얼마나 간결한가? 상대를 지루하게 하는 재능이 있는 건 아닌가? 간결함에 대해 점검해보자. 한 시간 분량의 정보를 2분 남짓한 길이로 요약할 수 있는가? 다섯 줄 안에 핵심이 담긴 이메일을 쓰고 있는가? 그림은 많고 글이 적은 슬라이드 10장 이내에서 당신 생각을 확실하게 전달할 수 있는가? 복잡한 아이디어를 간단한 이야기 혹은 비유나 은유로 전할 수 있는가? 중요한 소식을 기자처럼 전문적으로 전달할 수 있는가? 어려운 전문용어 대신 쉽고 명확한 단어를 사용하는가? 상대의 집중력이 떨어진 사실을 바로 알아차리는가? 이 항목에 모두 예스라고 답한다면 당신은 간결한 사람이다.

간결함은 실력이다. 쉽게 읽히는 글이 가장 쓰기 어려운 글이다. 왜 그럴까? 간결함은 전문성에서 나온다. 간결하기 위해서는 그 분야를 완벽하게 이해해야 한다. 폭넓은 지식이 있어야 정확하게 요약할 수 있다. 간결함은 심도 있게 연구한 뒤 갖출 수 있는 그 사람만의 시각이자 관점이다. 간결하지 못한 이유는 본질을 파악하지 못했기 때문이다. 그러면 전체 내용을 일일이 전할 수밖에 없다. 듣는 사람이 전체를 듣고 알아서 본질을 파악하라는 얘기다. 간결함이란 본질을 확실하게 파악한 후 얻을 수 있는 결과물이다.

간결함이 떨어지는 이유는 무엇일까? 우선 비겁하기 때문이다. 다른 사람의 이의 제기가 두려워 자기 생각을 확실히 밝히지 않는 것이다. 자만심도 한 이유다. 자신만이 그 주제에 대해 안다고 생각해 온갖 얘기를 다 하는 것이다. 생각이 정리되어 있지 않은 경우도 있다. 다른 사람의 시간을 우습게 생각하기 때문일 수도 있다.

한 컨설팅 회사가 클라이언트에게 프레젠테이션을 했다. 그 회사는 프레젠테이션의 요지가 한눈에 들어오는 요약본을 전달했다. 회의 시작과 동시에 결론부터 말했다. "저희가 살펴본 결과는 이렇습니다. 귀사에서 해야 할 일은 이겁니다." 시작과 함께 5분 사이에 일어난 일이다. 한 시간 예정의 발표였는데 결론과 문제의 핵심을 모두 5분 안에 전달한 것이다. 어떤 일이 벌어졌을까? 놀란 경영진들은 의자를 당겨 바로 앉았다. 어떻게 그런 결론을 내렸는지 질문했고 이들은 답변했다. 자연스럽게 남은 시간을 주요 이슈에 대해 충분히 의견을 나누면서 성공적인 프레젠테이션을 할 수 있었다.

말을 줄이려면 준비가 필요하다. 개요가 필요하다. 한마디로 무슨 말을 하고 싶은 것이냐가 개요다. 개요를 말할 수 없다면 아직 준비되지 않은 것이다. 다음은 전달 계획을 짜야 한다. 모든 아이디어와 정보를 짜임새 있게 구성해야 한다. 이를 도와주는 것이 브리프맵이다. BRIEF의 첫 글자를 따서 다음과 같은 순서로 하면 된다. 첫째, B는 Background, 즉 서론이다. 둘째, R은 근거 혹은 타당성을 뜻하는 Reason이다. 셋째는 핵심 정보를 뜻하는 Information이다. 넷째, 결론의 Ending이다. 마지막으로 추가 내용 혹은 질문의 Follow-up이다.

이를 현실에 적용해보면 이렇다. 프로젝트 진행 사항에 대해 보고를 한다고 가정해보자. 먼저 상사 입장에서 생각해봐야 한다. 상사가 가장 궁금해할 것은 무엇일까? 그가 고른 핵심 정보는 '프로젝트는 어디까지 진행되었나? 일정에 맞춰가고 있는가? 이후 진행에 꼭 필요한 건 무엇인가?'다. 그는 이렇게 보고한다. "프로젝트는 계획대로 진행 중입니다. 전에 물으셨던 부분은 이렇게 진행되고 있습니다. 예정대로 진행하기 위해서는 몇 가지 추가 물품을 구매해야 합니다." 이 보고를 들은 상사는 어떤 생각을 할까? 짧은 시간 안에 궁금한 것을 다 들었다. 상대가 필요로 하는 것도 파악했다. 결론

우리를 힘들게 하는 것은 긴 회의,
말도 안 되는 설교, 결론 없는 보고다.
모든 것이 간결해야 한다.
말도 글도 간결해야 한다. 간결함이 생산성이다.
간결함은 현대인의 필수 미덕이다.

을 바로 내릴 수 있다. 이게 간결함이다. 간결함은 미리 준비하고, 얼개를 짜놓아야 가능하다.

간결함은 글쓰기에도 필수적이다. 가장 중요한 것은 헤드라인이다. 제목만으로 내용을 전달할 수 있어야 한다. 헤드라인 작성법은 모든 경영진이 익혀야 할 규칙이다. 이메일을 스마트폰으로 쓰는 것도 한 방법이다. 한 화면에 모든 내용을 담는 것을 목표로 하는 것이다. 긴 글은 읽지 않는다.

여러분들은 설교에 열광하는가? 설교가 좀 더 계속되길 바란 적이 있는가? 대부분은 설교가 빨리 끝나길 기도한다. 우리를 힘들게 하는 것은 긴 회의, 말도 안 되는 설교, 결론 없는 보고다. 모든 것이 간결해야 한다. 말도 글도 간결해야 한다. 간결함이 생산성이다. 간결함은 현대인의 필수 미덕이다.

생산적인 프레젠테이션

회사에서 일 잘하는 사람의 필수 조건 중 하나는 프레젠테이션 스킬이다. 거기에 많은 시간을 사용하고, 이를 통해 일을 한다고 해도 과언이 아니다. 프레젠테이션이란 자기 생각을 잘 정리해 발표함으로써 상대를 설득하는 기술이다.

만약 영업 목표를 10배 이상 달성했다면 자료가 없고 발표 기술이 없어도 아무 문제가 없다. 반대로 본인 실수로 회사에 큰 손실을 끼쳤다면 아무리 발표를 잘해도 상사에게 깨질 수밖에 없다. 핵심은 어떤 내용을 발표할 것이냐다. 그다음은 이를 담아내는 그릇이 중요하다. 아무리 내용이 훌륭해도 전달이 제대로 되지 않으면 소용없다.

생산적인 프레젠테이션을 어떻게 할 것인가? 처음이 제일 중요하다. 첫 5분간 상대와 공감대를 형성하고 상대를 무장 해제시켜야 한다. 그래서 서로간의 소통 채널을 확보해야 한다. 그게 이루어지지 않으면 쉽지 않다. 상대를 무장 해제시키기 위해서는 무엇이 필요할까? 사실 프레젠테이션은 대화의 한 부분이다. 당연히 대화를 잘하는 사람이 프레젠테이션도 잘한다. 그런 면에서 잡담이 중요하다. 잡담을 잘해야 한다. 처음부터 본론으로 들어가는 경우도 있지만 대부분 다른 얘기를 하다 자연스럽게 본론으로 넘어간다.

우선 눈높이를 잘 맞춰야 한다. 만약 상대가 나보다 지식과 전문성이 뛰어나면 줄줄이 길게 서론을 늘어놓을 필요가 없다. 전문용어를 써도 상관없다. 하지만 아무 지식이 없는 아주머니를 상대로 한다면 거기에 맞게끔 해야 한다. 나를 드러내는 것도 한 방법이다. 소통의 한자는 틀 소疏에 통할 통通이다. 먼저 나를 드러내야 하는 것이다. 내가 어떤 사람인지, 내가 이런 말을 할 자격이 있는지 얘기해야 한다. 상대가 관심 있는 주제도 좋다.

둘째, 목적을 분명히 해야 한다. 왜 내가 힘들게 이것을 준비하는지 명확히 해야 한다. 뒤집어 얘기하면 요청 사항이 확실해야 한다. 예산을 더 달라든지, 사람을 뽑아달라든지,

기다리라든지 요구하는 게 있어야 한다. 모든 일이 그러하듯 프레젠테이션에서는 목적을 분명히 해야 한다.

셋째, 심플하고 클리어하게 해야 한다. 높은 사람들의 공통점은 시간이 부족하다는 것이다. 여러분보다 내용을 잘 알고 이미 방향 설정을 해놨을 가능성도 높다. 그렇기 때문에 서론, 본론, 결론 식으로 질질 시간을 끌 필요가 없다. 결론부터 얘기하라. 상사가 동의하면 그걸로 얘기는 끝이다. 만약 상사가 궁금한 것이 있으면 질문을 할 것이고, 거기에 답을 하면 된다. 그런데 결론부터 얘기하려면 사안 전체를 확실하게 다 파악하고 있어야 한다. 정말 중요한 게 뭔지, 속속들이 알고 있어야 한다. 그래야 쉽고 간결하게 얘기할 수 있다.

넷째, 훈련과 반복이다. 알고 있다고 생각하는 것과 실제 아는 것은 큰 차이가 있다. 정말 아는 것은 세포가 기억하는 것이다. 몸이 기억하는 것이다. 의식하지 않아도 입에서 술술 얘기가 나올 수 있어야 한다. 지식知識의 지知는 화살 시矢에 입 구口다. 입을 통해 말이 화살처럼 술술 나오는 것이다. 어떤 분야에 대해 아는 게 많으면 그런 일이 벌어진다. 식識은 말씀 언言에 찰진 흙 시戠다. 말을 찰흙에 새긴다는 것이다. 지식은 말과 글로 이루어졌다는 뜻이다. 연습이 완벽함을 만든다Practice makes perfect.

다섯째, 아이콘택트eye contact가 중요하다. 프레젠테이션은 연애와 비슷하다. 이해 당사자와 밀당을 해야 한다. 핵심은 눈맞춤이다. 눈을 보고 말해야 한다. 우린 눈빛으로 수많은 얘기를 할 수 있다. 하지만 대부분의 프레젠테이션은 파워포인트 자료를 보면서 얘기한다. 눈을 보는 대신 화면을 보고 얘기한다. 문제가 있다. 파워포인트의 개입을 최소화해야 한다. 파워포인트는 파워도 없고 포인트도 없다. 본인이 얘기하기 전에 먼저 파워포인트 화면을 보여주면 안 된다. 사람은 귀보다 눈이 빠르기 때문이다. 당신이 얘기하기 전에 무슨 얘기를 할지 청중이 아는 것만큼 김새는 일도 없다.

여섯째, 기싸움에서 승리해야 한다. 프레젠테이션은 발표장에 들어올 때부터 시작된다. 어떤 발걸음으로 들어오는지, 표정은 어떤지, 여유가 있는지, 초초해하는지……. 그게 모두 발표 과정이다. 메시지 이전에 메신저인 당신을 팔아야 한다. 기싸움에서 진다면 발표는 볼 것도 없다.

생산적인
회의

회의와 생산성의 관계는 어떨까? 회의를 많이 할수록 생산성이 높아질까? 그렇지 않다. 대부분 회의가 많은 회사는 생산성이 떨어지는 조직이다. 망해가는 회사의 특징 중 하나가 회의가 많다는 것이다.

회의와 관련해 반드시 기억해야 할 게 한 가지 있다. 회의가 가치를 만드는 것은 아니라는 사실이다. 회의는 뭔가를 잘하기 위한 수단이지만 그 자체로는 아무런 가치가 없다. 회의를 많이 한다고 해서 달라지는 건 없다. 오히려 가장 많은 시간과 에너지를 잡아먹는다. 결론 없는 회의, 목적이 불분명한 회의, 하나 마나 한 회의를 하느라 정작 실무자들은 해야 할 일을 하지 못한다. 에너지도 사라진다.

회의가 많다는 건 조직 구조에 문제가 있다는 증거다. 인원이 너무 많을 수도 있고, 업무를 지나치게 세분화했기 때문일 수도 있고, 경영진의 쓸데없는 노파심 때문일 수도 있다. 이유가 무엇이든 회의야말로 생산성을 잡아먹는 최고의 하마라는 사실이다. 최고의 생산성은 전혀 회의가 없지만 업무가 물 흐르듯 진행되는 것이다. 알아서 일을 하고, 확인할 게 있으면 전화로 물어보고, 업무를 파악하고 싶으면 실무자에게 가서 물어보면 되고, 갈등이 있을 때는 핵심 당사자가 바로 해결하고……. 최악은 하루에도 수십 번씩 회의를 하느라 정작 해야 할 일을 미루는 것이다.

왜 이렇게 회의를 많이 하는 것일까? 첫째, 정말 일을 하는 실무자보다 하는 일 없는 중간 관리자가 많기 때문이다. 선수보다 코치나 감독이 많은 격이다. 이들은 스스로 자신이 아무 일도 하지 않고 별다른 가치를 창출하지 못한다는 사실을 인지하고 있다. 당연히 존재감을 드러내고 싶어 하는데 가장 좋은 방법이 바로 회의를 하는 것이다. 일의 진행 상황을 물어보고, 쓸데없는 간섭을 하면서 일을 한다고 착각한다. 그들에게 일은 곧 회의 참석이다.

그들이 정말 필요한 존재인지 확인하는 방법이 있다. 중간 관리자를 나눠서 장기 휴가를 보내는 것이다. 100명이 있다면 25명씩 나눠서 6개월간 휴가를 보내고 상황을 지켜본다. 만약 문제가 생기면 원대 복귀를 시키고 별일 없으면 휴가를 연장하고 추가로 25명을 보낸다. 결과가 어떨 것 같은가? 문제가 생길 수도 있지만 오히려 더 쌩쌩 돌아가는 조직도 있을 것이다. 국회의원과 공무원을 대상으로 이런 실험을 해보면 어떨까를 늘 꿈꾼다.

둘째, 일을 너무 세분화했기 때문이다. 설거지할 게 있으면 그냥 설거지를 하면 된다. 근데 설거지할 게 많아지면서 분업화가 시작됐다. 잔반 버리는 사람, 대충 씻는 사람, 세제를 묻혀서 닦는 사람, 마무리하는 사람으로 나누게 됐고 내가 할 일과 네가 할 일을 나누게 됐다. 당연히 협조할 일, 알려야 할 일, 내가 알아야 할 일이 늘어났다. 분업화의 문제는 부분을 보느라 전체를 보지 못하는 것이다. 목적성도 희미해진다. 내가 왜 이 일을 하는지 모른다. 당연히 무엇이 목적이고 무엇이 수단인지 모른다. 정말 중요한 게 무언지도 잊게 된다.

셋째, 단계가 너무 길고 복잡하다. 공공기관에 가면 부원장도 모자라 부원장보란 직책도 있다. 잘하면 부부원장보까지 만들어질 것 같다. 일보다는 사람을 위해 자리를 만들다 벌어진 일이다. 당연히 자신들의 정확한 역할을 모르고 역할 정리를 하다 세월이 다 갈 수도 있다. 직원들도 헷갈리고 그런 문제를 정리하느라 쓸데없는 회의를 할 것이다.

무엇보다 회의가 느는 가장 큰 이유는 윗사람들이 회의 자체를 자기 역할이라고 생각하기 때문이다. 절대 그렇지 않다. 어떤 면에서는 가만히 있는 게 도와주는 경우가 많다. 진행 상황이 궁금한 대기업 사장이 회의를 하자고 하면 어떤 일이 벌어질까? 사장님 보고를 위한 수많은 회의가 만들어진다. 보통 15개의 준비 회의가 열린다는 통계가 있다. 보고 자료 준비하고, 회의 참석하느라 정작 할 일이 미뤄진다. 자료 준비 잘한다고 고객이 좋아하겠는가, 그게 무슨 가치를 올리는가? 정말 코미디 같은 일이 아닐 수 없다.

잦은 회의는 시간과 에너지를 빼앗는다. 집중력을 떨어뜨린다. 지식 노동자의 일은 대부분 집중해서 몇 시간을 일해야 성과가 난다. 하지만 회의는 시간과 집중력을 조각낸다. 조각난 시간으로 생산적인 일을 할 수 없다. 사실, 회의 외에도 목적을 달성할 수 있는 방법은 많이 있다. 얼굴을 보지 않아도 할 수 있는 수단은 차고 넘친다. 너무 너무 회의를 하고 싶을 때는 다음과 같은 질문을 던진 후 회의 개최 여부를 결정해야 한다. 이 회의를 꼭 해야 하나? 목적을 달성할 수 있는 다른 방법은 없을까? 회의를 지시함으로써 미뤄지는 일은

최고의 생산성은 전혀 회의가 없지만
업무가 물 흐르듯 진행되는 것이다.
알아서 일을 하고, 확인할 게 있으면 전화로
물어보고, 업무를 파악하고 싶으면
실무자에게 가서 물어보면 되고,
갈등이 있을 때는 핵심 당사자가
바로 해결하고…….

없을까? 내가 회의를 하는 게 다른 직원들의 시간을 얼마나 빼앗을까?

그래도 회의를 하고 싶다면 이가 야스요의 《생산성》이라는 책에 나오는 조언이 도움이 된다. 즉, 생산성이 떨어지는 회의는 시간이 오래 걸리는 것이 아니라 결정해야 할 것을 결정하지 못하는 회의를 말한다는 것이다. 시간 단축뿐 아니라 어떻게 하면 의견을 자유롭고 활발하게 교환할 수 있을지, 일정 시간 안에 의사 결정이 완료될 수 있는지 다양한 방법이 필요하다. 분위기 변화, 테이블 배치, 자리 이동, 순차적인 자료 배포 등 기존 회의 방법을 바꾸는 것만으로도 생산성이 높아진다.

이를 위해 우선 회의 목표를 명확히 해야 한다. 결정할 일은 무엇인지, 아이디어 리스트를 만드는 일인지, 정보를 공유하는 일인지, 합의하는 일인지, 설득하는 일인지, 일의 순서나 역할 분담 등 다음 단계의 업무를 정하는 일인지 생각해야 한다. 무엇보다 자료를 설명하는 데 많은 시간을 쓰면 안 된다. 혁신 기업들은 자료를 설명하지 않는다. 시작과 동시에 지금부터 2분간 자료를 읽어보세요, 라고 한다. 작성자가 설명하는 것보다 자료를 각자 읽는 편이 빠르기 때문이다.

애매함은
악이다

악이란 무엇일까? 게으름이란 무엇일까? 내가 생각하는 악은 애매모호함이다. 뭔가 말은 하지만 그게 정확히 무슨 말인지 모르게 하는 것이다. 듣는 당신이 알아서 해석하라는 것이다. 유권해석을 상대에게 미루는 것이다.

높은 사람이 애매모호하게 말을 하면 조직은 큰 혼란에 빠진다. 대통령이 그러면 국가에는 재앙이다. 높은 사람이라 되묻지도 못하고 다들 그걸 해석하느라 에너지를 낭비한다. 생산적인 소통을 위해서는 말을 명확하게 해야 한다. 듣는 순간 수정처럼 다들 비슷한 생각을 할 수 있어야 한다. 이를 위해 여러 방법이 있지만 다음 세 가지를 소개한다.

첫째, 재정의다. 나는 여기에 관심이 많아 《한근태의 재정의 사전》이라는 책도 펴냈다. 생산성을 잡아먹는 것 중 하나는 애매모호함이다. 같은 단어를 듣고 각자 다른 생각을 하는 것이다. 변화 같은 말이 대표적이다. 매번 리더는 변화하라는 말을 하는데 거기에 대한 생각이 모두 다르다. 도대체 변화가 무엇인지 확실치 않다. 그럴 때 내가 생각하는 변화가 무언지 재정의하고 이를 직원들과 공유할 수 있어야 한다.

내가 생각하는 변화의 재정의는 '간절히 원하는 걸 이루기 위해, 엄청난 고통을 감내하고, 새로운 습관을 만들어내는 것'이다. 세 가지 키워드가 있다. 간절히 원하는 것, 엄청난 고통, 새로운 습관이 그것이다. 그렇다면 나와 직원들에게 세 가지 질문을 던질 수 있다. 무얼 간절히 원하는지, 고통을 감내할 수 있는지, 어떤 습관을 만들어내야 하는지. 이를 통해 훨씬 생산적으로 얘기를 나눌 수 있다.

오랜 시간 얘기를 나눈다고 문제가 해결되는 건 아니다. 하고자 하는 것을 다시 정의하고, 그에 대해 내 생각을 얘기하고, 상대의 생각도 듣고, 그걸 나누면서 거리도 좁히고, 문제를 해결할 수 있다. 그 출발점은 명확한 재정의다. 현재 조직에서 자주 쓰는 단어를 나열해보라. 그 단어를 재정의하는 시간을 가져라. 그리고 언어를 통일하라. 그럼 조직의 생산성은 올라갈 것이다. 반대로 언어의 통일을 이루지 못하면 조직의 혼란만 가중된다.

둘째, 비교다. 비슷비슷하지만 명확하게 구분하기 힘든 단어들이 많다. 뇌물과 선물, 개선과 혁신, 아부와 칭찬 등등. 이 역시 소통의 혼란을 가져올 수 있기 때문에 둘의 차이를 확실히 해야 한다. 이를 해소하는 최선의 방법은 두 단어를 정확하게 비교해보는 것이다. 예전 상사는 걱정은 많이 했지만 고민은 하지 않았다. 당연히 문제가 해결되지 않고 조직의 혼란만 커졌다. 그때 나는 걱정과 고민의 차이를 생각했다. 걱정은 이미 생긴 문제에 대해 생각하는 것이다. 엎질러진 물이다. 고민은 장차 일어날 일에 대해 생각하는 것이다. 이 문제를 어떻게 할지 궁리하는 것이다. 당연히 걱정은 가치가 없고 고민은 가치가 있다. 우리가 할 건 고민이지 걱정이 아니다. 걱정은 많이 할수록 몸이 상하고 고민은 많이 할수록 지혜로워진다. 물론 내 생각이다.

회의 때마다 소신을 굽히지 않는 사람이 있다. 당사자는 소신이라고 말하고 상대는 고집불통이라고 했다. 그렇다면 소신所信과 고집固執은 어떻게 다를까? 내가 보기에 소신은 믿는 게 분명한 것이고 고집은 글자 그대로 기존 생각, 자기만의 굳은 생각에 집착하는 것이다. 소신은 가치관과 데이터에 기반한 것이지만, 고집은 근거가 약하다. 오래된 생각, 자기만의 주장이란 느낌이 강하다. 보통 사람들은 어떻게 생각할까? 내가 주장하면 소신이고 남이 주장하면 고집이다. 결과가 좋으면 소신이고 결과가 나쁘면 고집이다. 분명한 원칙과 근거가 있으면 소신이고 그게 없이 그냥 목소리만 높으면 고집이다.

그런데 둘의 심판자가 있다. 바로 시간이다. 시간이 흐르면 모든 것이 명확해진다. 그때 그것이 고집이었는지, 소신이었는지. 그래서 시간이 가장 위대한 스승이다. 조직에서 쓰는 단어 중 비슷비슷하지만 차이가 명확하지 않은 단어들을 골라서 차이점을 논의해보라. 훨씬 머리가 맑아질 것이다.

셋째, 요약이다. 책을 제대로 읽었다는 걸 어떻게 증명할 것인가? 책 내용을 요약할 수 있어야 한다. 내용을 한 줄로 줄일 수 있다면 완전히 이해한 것이다. 회의를 잘하기 위해서는 전체 상황을 잘 파악해야 한다. 누군가 자기주장을 펼칠 때 그가 말한 내용의 핵심을 이해할 수 있어야 한다. 오랫동안 책 소개를 해온 나는 요약의 중요성을 절감한다. 요약하는 훈련이 소통에서 중요하다.

요약할 수 있으면 이해한 것이고, 요약할 수 없으면 이해하지 못한 것이다. 요약은 핵심을 찾는 것이다. 긴 글이나

높은 사람이 애매모호하게 말을 하면
조직이 큰 혼란에 빠진다.
높은 사람이라 되묻지도 못하고 다들 그걸
해석하느라 에너지를 낭비한다.
생산적인 소통을 위해서는
말을 명확하게 해야 한다.

장황한 얘기를 듣고 엑기스를 뽑아낼 수 있다. 복잡한 상황을 단순하게 압축시킬 수 있다. 무엇이 핵심이고, 무엇이 부수적인지 구분한다.

일을 못하는 사람은 말이 길고 요점이 불분명하다. 도대체 그가 하고자 하는 말의 핵심이 뭔지를 알 수가 없다. 리더들은 스스로 요약하는 훈련을 하고, 직원들이 하는 말도 요약해주어야 한다. "그러니까 자네가 하는 말이 이러이러한 것인가?"라고 되물을 수 있다면 소통으로 인한 실수를 줄일 수 있다.

심플하고
클리어하게

생산성은 철저히 경영자의 책임이고 역할이다. 생산성은 마음의 문제라기보다 시스템의 문제다. 시스템이란 무엇을 하라고 말하는 대신 그렇게 될 수밖에 없게끔 만드는 일이다.

소통이 그렇다. 소통의 책임을 직원에게 물어서는 안 된다. 소통은 최고경영자의 역할이다. 리더십은 곧 커뮤니케이션이기 때문이다. 같은 말을 해도 이 말이 씨알이 먹힐지 아닐지, 상대는 이 말에 대해 어떻게 반응할지를 생각해야 한다. 만약 강당에서 직원들에게 얘기할 때 눈을 마주치지 않은 채 원고만 읽는다면 그 자체로 커뮤니케이션 단절이다. 그 얘기를 듣고 감동을 받아 행동으로 옮길 사람은 없다. 여러 소통 채널을 살펴보고 이를 어떻게 활성화시킬 수 있을지 생각해야 한다.

조직 구조도 봐야 한다. 부서 간 소통 단절은 대부분 잘못된 조직 구조 때문이다. 무엇보다 소통을 위해서는 조직 내 권위주의를 없애야 한다. 커뮤니케이션은 나눔이다. 자신의 생각, 느낌, 걱정, 아이디어를 상대와 나누는 것이다. 권위주의는 커뮤니케이션의 천적으로 정반대에 있다. 권위주의는 커뮤니케이션을 감소시키고 단절시킨다. 권위주의가 판을 치는 조직에서는 커뮤니케이션이 이루어지지 않는다. 권위적인 상사 앞에서 솔직하게 얘기할 만큼 어리석은 사람은 없다. 다들 그가 원하는 답변만 할 것이고 조직은 솔직함이 사라진 채 무너질 일만 남는다. 아버지가 강한 집안에서 자란 사람은 아버지 눈치를 보느라 할 얘기를 제대로 하지 못한다. 얘기를 해서 칭찬보다 야단맞을 확률이 높다고 생각하면 사람들은 입을 열지 않는다.

하지만 소통은 직원들의 역할도 중요하다. 애매한 것을 확실하게 해야 한다. 상사나 다른 부서의 의견이 명확하지 않을 때는 그게 정확하게 무슨 의미인지, 기대하는 바가 뭔지를 질문을 통해 바로잡아야 한다. 또 자기 생각 또한 확실하게 전달할 수 있어야 한다. 이때 심플하고 클리어하게 해야 한다. 만약 뭔가를 길게 얘기했는데 상대가 "그래서 전달하고자 하는 메시지가 뭡니까?"라는 말을 한다면 그것은 실패한 커뮤니케이션이다. 어떻게 이를 방지할 수 있을까?

첫째, 결론부터 얘기하는 것이 좋다. 늘 듣는 말이다. 하지만 어렵다. 왜 그럴까? 결론부터 얘기하는 것은 리스크가 있다. 결론이 시원치 않으면 자동적으로 왜라는 질문이 나온다. 거기에 대해 준비해야 한다. 과감하게 결론을 얘기하려면 업무 전반을 이해하고 꿰뚫고 있어야 한다. 무엇이 중요하고, 어떤 문제가 예상되고, 핵심이 뭔지 알아야 한다. 그래야 어떤 공격에도 답변이 가능하다. 결론부터 얘기한다는 건 그만큼 자신감이 있다는 말이다.

둘째, 간결하게 얘기해야 한다. 이 역시 늘 듣는 말이다. 그런데 간결하기 위해서는 무엇이 필요한가? 맘만 먹으면 간결할 수 있을까? 간결하다는 건 단순히 말이 짧고 할 말만 한다는 의미를 넘어선다. 간결하지만 전달할 내용은 모두 전달해야 한다. 핵심이 빠지고 해야 할 말을 하지 않은 건 간결한 게 아니다. 핵심이 뭔지, 경중과 완급을 구분할 수 있어야 한다. 내용을 잘 모르면 중언부언할 수밖에 없다. 부하 직원이 써준 보고서를 갖고 와서 읽는 중간 관리자가 그렇다.

셋째, 명쾌해야 한다. 자기 의견이 무엇인지, 그 이슈에 대해 어떤 생각을 갖고 있는지, 근거는 무엇인지 알고 있어야 한다. 명쾌함의 반대는 애매모호함이다. 내가 생각하는 소통의 반대말이다. 그렇다면 왜 애매모호하게 얘기할까? 비겁함 때문이다. 자기 의견을 명확히 밝혔다가 혹시 공격을 받지 않을까 두렵기 때문이다. 주인이 여러 번 바뀐 회사, 관료적인 조직, 호통을 치는 무서운 상사 밑에서 일하는 사람들이 보이는 현상이다. 언제든 빠져나갈 구멍을 마련한다. 비겁하긴 하지만 나름 그 사람으로선 생존 수단일 수 있다. 잘나가는 조직 중 애매모호하게 소통하는 조직은 없다.

넷째, 확실하게 해야 한다. 소통의 가장 큰 실수는 미루어 짐작하는 것이다. 명확하지 않지만 확인하지 않고 그냥 하는 것이다. 질문 하나, 확인 한마디로 확실하게 할 수 있다. 오래전에 차에 친구를 태우고 어딘가를 간 적이 있다. 그때 뒷좌석에 미처 앉지 못한 친구를 확인하지 않은 채 출발하려다 친구가 다칠 뻔한 일이 있다. 그 이후 난 출발 전 반드시 "출발합니다"라고 말한다. 별거 아닌 것 같지만 실수를 줄일 수 있다. 뭐든 확실히 해야 한다. 특히 중요한 문제는 다시 한번 물어보고 실행하는 것이 필요하다.

다섯째, 말만큼 글이 중요하다. 특히 이메일과 메신저로 수많은 의사소통이 이루어지는 요즘은 더욱 그러하다. 이메일로 할 때는 가능한 한 제목만으로 내용을 전달할 수 있어야 한다. 첨부는 가급적이면 자제하고 짧은 글로 소통해야 한다. 직급이 올라가고, 아래 직원이 많을수록 글을 통한 소통이 효과적이다. 말에는 감정도 섞이고 실수도 있을 수 있다. 말을 하다 보면 하지 말아야 할 말도 하게 된다. 글은 다르다. 훨씬 냉정하고 객관적이다. 글을 쓰면서 생각도 정리된다. 그렇기 때문에 직급이 높은 사람이 글을 제대로 쓰지 못하는 건 치명적이다.

컨디션 조절이
우선이다

늘 최고의 컨디션을 유지하는가? 그렇게 하고 싶은데 몸이 따라주지 않는가? 생산성을 저해하는 요인이 뭐라고 생각하는가? 생산성을 위해서는 우선 몸 상태가 좋아야 한다. 최고의 컨디션을 유지할 수 있어야 한다. 몸이 뒷받침되지 않으면 생산성은 물 건너 간 것이다. 에너지 보존의 법칙이 있다. 쓸 수 있는 에너지는 한계가 있다는 것이다. 인간의 에너지도 그렇다. 최고의 성과는 최고의 몸 상태에서 나온다. 최고의 컨디션을 유지하기 위해《무엇이 우리의 성과를 방해하는가》라는 책은 다음과 같은 조언을 해준다.

첫째, 충분한 수면이다. 컨디션을 위해선 잠이 가장 결정적이다. 평균 몇 시간쯤 잠을 자는가? 충분하다고 생각하는 가? 쥐를 대상으로 수면 실험을 했다. 잠을 못 잔 쥐들은 폭식을 했고, 털이 빠졌고, 20일 정도 지나자 모두 죽었다. 인간은 19일간 잠을 자지 않고 버틴 기록이 있다. 물론 얻은 것은 망가진 몸뿐이었다. 말이 어눌해지고, 시야가 흐려지고, 집중력과 기억력이 떨어진다.

많은 직장인들이 잠이 부족하다. 하지만 문제점을 느끼지 못한다. 괜찮다고 얘기하지만 사실은 아니다. 술에 취한 사람들이 그러하듯 잠을 못 잔 사람들은 자신에게 어떤 문제가 있는지 깨닫지 못할 뿐이다. 그들 대부분은 숙면으로 머리가 맑다는 느낌이 어떤 것인지 알지 못한다. 수면 부족은 기억력, 집중력, 학습 능력에 영향을 미친다. 수면은 재충전의 시간일 뿐 아니라 학습 기회이기도 하다.

나는 잠을 잘 자기 위해 많은 노력을 한다. 조명을 어둡게 하고, 핸드폰은 꺼두고, 자극적인 프로는 보지 않고, 가급적이면 얘기를 하지 않고 조용한 상태를 유지한다. 일찍 자고 일찍 일어난다. 필요하면 낮잠을 잔다. 낮잠은 적은 투자로 큰 효과를 거둘 수 있는 획기적인 재충전 방법이다. 10분의 낮잠만으로 큰 효과를 볼 수 있다. 구글, 시스코, 애플, 픽사 등 혁신적인 회사는 낮잠을 권장한다. 빛과 소음을 차단하는 내평팝도 있다. 워크숍 중간에도 낮잠 시간이 있다.

둘째, 식습관이 중요하다. 아침 식사는 하는가? 무엇을 먹느냐가 그 사람이 누구인지 알려준다는 말이 있다. 무엇을 언제 어떻게 먹느냐가 그 사람 건강을 좌우한다. 최악은 굶다가 한꺼번에 실컷 먹는 것이다. 스모 선수들이 그렇게 먹는다. 그들 몸무게는 평균 270킬로그램인데 보통 오전에는 아무것도 먹지 않는다. 하루 한두 번 식사를 하는데 한 번 먹을 때 어마어마한 양을 먹는다. 지방 축적을 극대화하기 위해 먹은 뒤 바로 잠을 잔다. 직장인 중 스모선수 같은 식습관을 가진 사람이 제법 있다. 정말 위험하다. 최악이다.

좋은 컨디션을 위해 가장 중요한 건 아침 식사다. 에너지가 가장 필요한 순간 연료를 제대로 공급해야 하는데 이게 아침이다. 저녁에는 사실 에너지가 별로 필요하지 않은데 우리들은 그때 최고로 많은 음식을 술과 함께 먹는다. 정작 에너지가 필요할 때는 에너지를 공급하지 않고, 필요 없는 저녁 때 가장 많은 에너지를 공급하는 것이다. 그런 생활을 하면서 좋은 컨디션을 기대할 수는 없다.

셋째, 리듬감 있게 일해야 한다. 일할 때는 화끈하게 일하고, 쉴 때는 푹 쉴 수 있어야 한다. 일하는 만큼 휴식과 재충전이 중요하다. 잘 쉬고 재충전을 해야 일의 성과를 높일 생산성을 에너지 측면에서 볼 수 있어야 한다.

최고의 에너지가 필요한 일과

시간대별로 에너지를 적절하게 분배함으로써

생산성을 극대화할 수 있다.

에너지 레벨이 낮은 몸으로 뭔가를 위해

무리하게 노력하는 것은

방전된 차에 시동을 거는 것과 같다.

수 있다. 재충전에는 수면, 명상, 텔레비전 시청 같은 수동적인 휴식과 운동이나 놀이 같은 적극적인 휴식이 있다. 두 가지 형태의 휴식을 번갈아 취할 때 효과가 좋다. 90분 단위로 일하고 쉬기를 반복하는 것이 효과적이다.

넷째, 의지력 대신 좋은 습관을 만들어야 한다. 다이어트에 성공한 사람 중 95퍼센트가 요요 현상을 겪는다. 새해 계획을 세운 사람 중 25퍼센트는 일주일 만에 포기한다. 기업변화 프로그램의 70퍼센트는 별다른 성과가 없다. 의지력을 너무 믿으면 안 된다. 의지력에는 한계가 있다. 의지와 노력만으로는 변화에 성공하기 어렵다. 욕구를 통제하려는 모든 노력은 에너지를 끌어다 쓴다. 억지로 뭔가를 하면 에너지가 어느 순간 바닥을 드러낸다. 의지력보다는 습관의 힘이 세다. 탁월한 성과를 내는 사람은 모두 습관의 힘을 알고 있다. 의지력이 아니라 습관에 의지해야 한다.

금요일 오후 5시쯤 중요한 전략 회의를 하자는 상사를 본 적이 있다. 직원들의 에너지에는 관심이 없는 사람이다. 성과를 내기 위해서는 직원들의 에너지 레벨에 관심을 가져야 한다. 이를 위해서는 근무시간 대신 얼마나 많은 가치를 만들어내느냐로 평가해야 한다. 운동선수를 벤치마킹하는 것이 도움이 된다. 이들은 시합에서 최고의 실력을 발휘하기 위해 하루, 일주일, 한 달, 일 년을 단위로 집중적인 훈련과 충분한 휴식을 주기적으로 반복한다.

운동 전 가볍게 몸을 푸는 것처럼 월요일은 적당한 업무로 한 주 계획을 세우고, 우선순위를 정하며, 목표를 세우는 등 가볍게 처리할 수 있는 일을 한다. 화요일과 수요일에는 최고의 에너지를 발휘할 수 있다. 복잡한 분석을 요하는 업무, 전략적 계획, 난이도가 높은 일을 하면 된다. 목요일 오후부터 급격하게 에너지가 떨어진다. 팀원들 간의 논의를 통해 합의를 이끌어내는 협력 작업을 하는 것이 좋다. 금요일 오후가 되면 에너지는 최저 상태가 된다. 이때는 브레인스토밍을 하거나 장기 계획을 구상하거나, 인간관계를 넓히는 등 자유롭고 개방적인 일을 하는 게 좋다.

생산성을 에너지 측면에서 볼 수 있어야 한다. 최고의 에너지가 필요한 일과 시간대별로 에너지를 적절하게 분배함으로써 생산성을 극대화할 수 있다. 에너지 레벨이 낮은 몸으로 뭔가를 위해 무리하게 노력하는 것은 방전된 차에 시동을 거는 것과 같다.

휴식이
생산성이다

마침표나 쉼표가 없는 글을 읽을 수 있을까? 읽기야 하겠지
만 숨이 막혀 힘들 것이다. 음악도 그렇다. 쉬지 않고 계속 노
래를 부른다면 부르는 사람도 듣는 사람도 괴롭다. 휴식은 우
리 삶의 쉼표 같은 존재다. 그동안 열심히 산 나를 위로하고
과거를 뒤돌아보고 앞날을 계획할 수 있는 소중한 시간이다.
쉬지 않고 계속 일만 하는 사람은 단기적으로는 성과를 낼지
모르지만 장기적으로 절대 성공하지 못한다. 100미터 달리기
로 마라톤을 할 수는 없는 법이다.

　　휴식 없이 일만 한다고 성과가 나지는 않는다. 휴식을
하는 것은 일을 더 잘하기 위해서다. 미국에서 박사학위를 할

때다. 결과는 나오지 않고 실험은 진행되지 않아 초조한 나날을 보내고 있었다. 전날도 밤늦게까지 실험을 하고 다음 날 계속 무리해서 실험을 하다가 사고가 났다. 속도를 바꾸기 위해 기구의 톱니바퀴를 갈아 끼워야 하는데 거기에 손가락이 낀 것이다. 다행히 큰 사고는 아니었지만 삼사일이 통째로 날아갔다. 휴식 없이 일한 대가를 톡톡히 치른 것이다.

지난 20년간 일어났던 대형 재난, 즉 체르노빌, 엑슨 발데즈, 보팔, 스리마일섬의 사고는 대부분 한밤중에 일어났다. 책임을 맡고 있던 사람들은 오랫동안 충분한 수면을 취하지 못한 채 근무했던 것으로 알려졌다. 휴식은 단순히 쉬는 것이 아니다. 휴식은 우리 몸을 수리하는 기능을 담당하고 있다. 수면은 최고의 보약이다.

휴식은 4R을 목표로 한다. 첫 번째가 물러남Retreat이다. 하던 일을 멈추고 안 하던 일을 해보는 것이다. 매일 책을 보던 사람에게는 도끼질이 휴식일 수 있고 매일 도끼질을 하던 사람에게는 책 읽기가 휴식이다. 휴식은 단절이다. 일상을 잊고, 하던 일을 멈추는 것이다. 대기업 CEO들에게는 인터넷이 안 되고, 통신망이 닿지 않는 곳에서 휴식하는 게 최고의 휴가다. 마이크로소프트의 빌 게이츠 역시 인터넷과 통신이 두절된 곳에서 '싱크 위크think week'를 갖는다. 시인 황동규도

"휴대폰이 안 터지는 곳이라면 어디라도 살갑다"고 얘기한다. 휴식은 일상을 떠나 새로운 일을 해보는 것이다.

둘째는 재충전Refresh이다. 일이 아닌 좋아하는 일을 해보는 것이다. 사도 요한은 에베소에서 지낼 때 취미 삼아 비둘기를 길렀다. 어느 날 지방 관리가 사냥에서 돌아오는 길에 요한의 집에 들렀다가 요한이 비둘기와 장난치는 것을 보았다. 그 관리는 나잇살이나 먹은 사람이 쓸데없는 일로 시간을 보낸다며 점잖게 꾸짖었다. 그 말을 들은 요한은 지방 관리가 어깨에 메고 있는 화살을 보고 화살 줄이 늘어졌다고 말해주었다. 그러자 지방 관리가 말했다. "사용하지 않을 때는 화살 줄을 풀어두지요. 항상 팽팽하게 해두면 탄력을 잃어 사냥감을 제대로 맞출 수 없기 때문입니다." 그러자 요한은 이렇게 얘기했다. "나도 지금 내 마음의 줄을 쉬게 하는 중이오. 그래야 진리의 화살을 정확하게 날릴 수 있을 테니까요."

셋째, 뒤돌아봄Reflect이다. 백수가 과로사 한다는 말이 있다. 사람들은 유능함과 바쁘다는 것을 동일시한다. 하지만 바쁜 것이 중요한 게 아니다. 왜 바쁜지가 중요하다. 바쁘다는 것은 한자로 망忙이다. 정신이 없다는 말이다. 휴식은 그런 우리에게 정신 차릴 기회를 준다. 휴식은 그동안의 삶을 돌아보고 미래를 설계하는 시간이다. 파스칼은 "인간의 모든 불행은 단 한 가지, 고요한 방에 들어앉아 휴식할 줄 모른다는 데서 비롯한다"고 말했다.

넷째, 재창조Recreation의 시간이다. 쉬다 보면 평소에 보이지 않던 것이 보인다. 의외의 순간에 굉장한 아이디어가 떠오른다. 폴라로이드라는 즉석 사진을 만든 사람도 휴가 중에 그런 아이디어를 떠올렸다. 어린 딸의 "지금 찍은 사진을 바로 보았으면 좋겠다"는 말을 듣고 폴라로이드를 만든 것이다.

삶에서 균형의 중요성은 아무리 강조해도 지나치지 않는다. 건강을 잃으면서 얻은 성공, 가족의 희생 위에 일궈낸 성과, 친구들 사이에서 왕따가 되면서 거둔 결실은 진정한 의미의 성공이 아니다. 일과 휴식의 균형, 일과 가정의 밸런스, 다양한 취미와 일의 조화, 지적인 일과 육체적인 일의 적절한 섞임, 논리적인 부분과 감성적인 부분의 어울림. 이런 균형의 중요성을 잊지 말아야 한다.

그런 의미에서 유대인들의 안식일이나 7년에 한 번씩 갖는 교수들의 안식년은 현명한 제도다. 목표를 세우고 그것을 이루기 위해 최선을 다하는 것도 좋지만 적절한 균형과 휴식은 그에 못지않게 필수적인 요소다. "인간이 안식일을 지키는 것이 아니라, 안식일이 인간을 지키는 겁니다"라는 어느 목사님의 말이 생각난다.

시간의 주인으로
산다는 것

운동선수들이 가장 중시하는 것은 컨디션 조절이다. 아무리 실력이 좋아도 컨디션 조절에 실패하면 게임에서 진다. 사무실에서 일하는 우리들도 그렇다. 컨디션 조절의 핵심은 휴식이고 제대로 잘 쉬는 것이다.

그런데 휴식에는 몇 가지 오해가 있다. '남들이 놀 때 나도 놀아야 한다, 휴식을 위해서는 특별히 따로 시간을 내야 하고 많은 돈이 필요하다, 충분한 시간을 필요로 한다, 시간만 주어진다면 나도 제대로 쉴 수 있다'고 생각하는 것이다. 그렇지 않다. 사람들은 여가 시간을 제대로 즐기지 못한다. 남들과 비슷한 시기에, 비슷한 곳으로 휴가를 간다. 어딘가를 꼭 가야만 한다는 강박관념을 갖고 있다. 집에 있으면 큰일이 난다고 생각하는 사람도 있다. 가서 하는 일도 비슷하다. 노동하듯이 뭔가를 한다. 쉬는 게 아니고 더 많은 에너지를 쓰고 온다.

휴식의 기술은 자유 시간을 얼마나 많이 가졌느냐의 문제가 아니라 태도의 문제다. 휴식이란 밀도 있는 순간을 말한다. 이런 순간은 시간적으로 몇 시간 혹은 며칠까지 확장될 수 있다. 단 한 가지에만 집중하기 때문에 오로지 자신만의 시간을 누리는 것이다. 이 자신만의 시간은 다양한 모습으로 나타난다. 사랑하는 사람과의 밀도 있는 대화, 음악을 즐기며 맛보는 기쁨, 때로는 긴장감 넘치는 일……. 중요한 것은 시간과의 일체감이다. 휴식은 나와 내 인생에서 중요한 것 사이의 일치를 뜻한다.

시간의 주인으로 산다는 것은 무엇일까? 이탈리아 티롤지방 농부들에게 일과 여가시간을 어떻게 이해하느냐고 물었다. 그들은 둘 사이에 무슨 차이가 있느냐고 되물었다. 그들은 해야 할 일을 한다. 젖을 짜고, 잡초를 뽑고, 사이사이 아이들에게 옛날 얘기를 해주고, 아코디언 연주를 즐긴다. 더 많은 시간을 갖게 된다 해도 지금의 삶과 다를 바가 없다고 말한다. 이들은 현재 자기만의 시간을 완벽하게 실현하고 있다. 이들의 노동 강도는 보통 직장인보다 훨씬 세지만 시간 부족을 호소하지 않는다. 일과 휴식을 구분하지 않기 때문이다. 결국 시간 부족이란 느낌은 물리적 시간과는 별 관계가 없다. 어떤 태도와 관점을 갖느냐에 달린 것이다. 그럼 어떻게 해야 할까?《아무것도 하지 않는 시간의 힘》에서 울리히 슈나벨은 이렇게 말한다.

우선, 정보라는 이름의 마약을 끊어야 한다. 이게 휴식의 가장 큰 방해물이다. 몇십 통씩 오는 이메일과 핸드폰은 사람을 가만 놔두지 않는다. 이에 대응하느라 지친다. 제발 이메일이 오지 않는 곳에서 살고 싶다고 호소하는 사람들도 많다. 요즘 최고의 휴양지는 인터넷이 되지 않는 곳이다. 실제 며칠 동안 이메일이나 문자가 오지 않으면 어떨 것 같은가? 견디지 못할 가능성이 높다. 그만큼 우리는 정보에 중독되어 있다. 요즘은 사우나탕 속까지 핸드폰을 갖고 들어간다. 휴식을 위해서는 핸드폰을 꺼두는 시간이 있어야 한다. 그걸 즐길 수 있어야 한다. 이메일은 정해진 시간에만 하루 두 번쯤 열어보아야 하고 그 즉시 처리해야 한다. 모든 메일에 답할 필요도 없다. 대부분 메일은 전혀 답을 필요로 하지 않는다. 의도적으로 중간 중간 정보의 차단이 필요하다.

언제 피곤함을 느끼는가? 오랜 시간 책상 위에 앉아 있

휴식의 기술은 자유 시간을 얼마나 많이
가졌느냐의 문제가 아니라 태도의 문제다.
휴식이란 밀도 있는 순간을 말한다.
사랑하는 사람과의 밀도 있는 대화,
음악을 즐기며 맛보는 기쁨,
때로는 긴장감 넘치는 일…….
중요한 것은 시간과의 일체감이다.

지만 뭔가 제대로 한 일이 없을 때 피곤함을 느낀다. 이것저것 하느라 뭔가에 몰입해서 일을 하지 못했기 때문이다. 반대로 무언가에 몰입해서 일을 하느라 시간 가는 줄 모르면 피곤하지 않다. 몰입은 작업 기억과 관련이 있다. 작업 기억은 작업을 할 때 필요한 기억이다. 이게 있어야 몰입해서 효과적으로 지금 하는 일을 할 수 있다.

그런데 일을 하던 중 더 중요한 정보가 오면 지금의 작업 기억은 날아간다. 작업 기억의 용량이 적기 때문이다. 전화번호 하나만 기억하려고 노력해도 다른 정보가 입력되지 않는다. 이처럼 쓸데없는 자극은 몰입을 방해한다. 작업 기억을 향상시켜 몰입도를 높여야 한다. 이런 방법이 있다. 무엇을 우선시하는지 목록을 만드는 것, 주의를 산만하게 하는 일을 없애는 것, 메모하는 것, 미리 계획을 짜는 것, 지친 두뇌가 회복할 시간을 주는 것, 책상 위를 정리하는 것, 모든 것을 한꺼번에 다 하려고 하지 않는 것 등이 그것이다.

요즘 사람들은 가만있지를 못한다. 오죽하면 멍 때리기 대회를 열겠는가? 그만큼 혼자 가만히 있는 시간이 필요하다는 증거다. 이를 위해서는 아예 아무런 약속과 일정이 없는 나만의 시간을 만들어내야 한다. 다른 약속이 잡히기 전에 아예 미리 일정을 비우는 것이다. 쉽지 않다. 나도 모르게 일정을 잡으려고 한다. 이럴 때는 두 가지 질문을 던지면 좋다. 내가 이걸 꼭 해야만 하는가? 내가 이걸 정말 하고 싶은가? 대개는 꼭 할 필요는 없는 일이다. 다음은 거절을 잘하는 것이다. 내가 없어도 세상은 잘 돌아간다는 사실을 기억하면 가능하다.

생산성의 가장 큰 전제 조건은 아이러니하게도 잘 쉬는 것이다. 그래서 몸의 컨디션을 최고로 만드는 것이다. 경기에 나가기 전 운동선수들이 늘 하는 일이다. 이를 위해서는 쉴 때 쉬고 일할 때 일해야 한다. 온과 오프를 명확하게 해야 한다. 때로는 아무것도 하지 않고 나만의 시간을 가져야 한다. 잘 쉬는 자만이 제대로 일을 할 수 있다.

수면 혁명이
필요하다

음주 운전과 졸음운전의 공통점이 뭘까? 첫째, 본인은 물론 다른 사람의 생명까지 빼앗을 수 있는 위험한 행동이다. 둘째, 위험을 알지만 사람들은 그런 행동을 반복하고 있다. 셋째, 가장 중요한 사실인데, 자신이 그렇다는 사실을 인지하지 못한다. 술을 마신 후 운전하려는 사람을 말리면 그들이 늘 하는 말이 있다. "괜찮아요. 별로 마시지 않았어요." 괜찮지 않지만 정작 본인은 괜찮다고 생각하는 것이다.

　수면 부족도 마찬가지다. 분명 잠이 부족해 정상이 아닌데 정작 본인은 괜찮다고 생각하는 것이다. 그렇다면 음주 상태에서 일하는 것과 졸린 상태에서 일하는 것에는 어떤 차이가 있을까? 둘 다 일을 한다고 생각하지만 실제 영양가는 별로 없다.

잠의 중요성은 아무리 강조해도 지나치지 않다. 잠만큼 중요한 건 없다. 누구나 이 사실을 알지만 실제 실천은 하지 않는다. 수면 부족에 너그럽다. 아니, 너그러운 것을 넘어 그것을 격려하고 찬양한다. 공부를 위해 잠을 희생하면, 공부도 희생하고 잠도 희생하게 된다.

일도 그렇다. 매일 잔업을 하느라 수면이 부족하면 음주 상태에서 일을 하는 것과 다를 게 없다. 산후우울증의 원인 중 하나도 바로 수면 부족이다. 애가 제대로 자지 않으니 산모도 덩달아 자지 못하면서 만성적인 피로가 쌓이고 그게 우울증으로 발전하는 것이다. 수면 부족은 사고로 이어지고 머리가 띵해 잘못된 의사 결정을 하게 된다. "살면서 저지른 모든 중대한 실수는 피곤으로 인한 것이었다." 빌 클린턴의 말이다.

수면은 야간 청소부와 같다. 로체스터대학 마이켄 네더가드 박사는 수면의 청소 기능에 대해 이렇게 말한다. "그것은 식기세척기와 같다. 이미 사용한 더러운 식기에 음식을 담아 먹는 사람은 없다. 힘과 잠재력을 온전히 발휘할 수 없는 상태의 뇌로 하루를 보내는 것에 만족할 수 있는가? 수면은 뇌의 노폐물을 청소하는 과정과 같다. 유해한 화학물질 및 독소 청소는 자는 동안 일어난다. 깨어 있는 동안 뇌는 수많은 기능을 수행하느라 바쁘게 돌아가기 때문이다."

생산성을 올리기 위해서는 몸의 컨디션이 좋아야 하고 이를 위해 가장 중요한 일은 잘 자는 것이다. 잘 자기 위해서는 어떻게 해야 할까? 우선, 몸을 피곤하게 만들어야 한다. 그러려면 꾸준히 운동해야 한다. 될 수 있으면 걸어 다니고, 엘리베이터 대신 계단을 이용하고, 주차는 가능하면 먼 곳에 해야 한다. 자기 전에는 가급적 공포 영화, 시사 프로그램 같은 자극적인 것은 보지 말아야 한다. 자기 전 술도 금물이다. 술이 처음에는 진정제 역할을 하지만 나중에는 수면 방해꾼 역할을 하기 때문이다.

《수면 혁명》의 저자 아리아나 허핑턴은 숙면을 위한 10계명을 제시한다. "매일 7~9시간을 자라. 침실은 어둡고 시원하게 유지하라. 훌륭한 베개와 잠옷에 투자하라. 잠들기 30분 전부터는 전자 기기를 사용하지 마라. 침실 주변에서 스마트폰을 충전하지 마라. 과식과 늦은 식사를 피하라. 잠들기 전 따뜻한 물로 샤워하거나 목욕하라. 간단한 스트레칭이나 요가, 명상 등으로 몸과 마음을 잠으로 유도하라. 침대에서는 일이나 공부를 하지 마라. 오늘의 감사 목록을 작성하는 것으로 하루를 마감하라" 등이다. 하나도 어려운 게 없다.

잠자는 것에 최우선순위를 두어야 한다. 나이가 들수록 더욱 그렇다. 잠자리에 드는 행위를 신성한 의식처럼 해야 한다. 침실에 들어서는 순간 하루 동안 있었던 모든 문제와 아직 끝내지 못한 일을 완전히 잊어야 한다. 이럴 때 에머슨의 명언이 도움이 된다. "하루를 마감하라. 그로부터 손을 떼라. 당신은 할 수 있는 일을 했다. 분명 어리석은 실수와 행동이 떠오를 것이다. 가능한 한 빨리 잊어라. 내일은 새로운 날이므로. 들뜨거나 터무니없는 생각에 사로잡히는 일이 없이 내일을 차분하고 훌륭하게 시작해야 한다." 만약 잠이 오지 않을 때는 억지로 자지 않는 것이 좋다. 20분 이상 잠이 오지 않을 때는 명상을 하거나 업무와 관련 없는 소설이나 전기, 시집, 혹은 영성에 관한 책을 읽으면 좋다.

난 가장 많은 시간을 책을 읽고 글 쓰는 일을 한다. 잠을 제대로 자지 못하거나 술을 많이 마시면 절대 할 수 없는 일이다. 머리를 맑게 하고 최상의 컨디션을 유지하는 것이 필수적이다. 이를 위해 규칙적으로 잘 자는 게 아주 중요하다.

내게 잠은 종교의식과 비슷하다. 나는 저녁 6시 이른 저녁을 간단히 먹는다. 이후에는 가급적이면 스마트폰은 하지 않는다. 조명을 어둡게 하고 최대한 말도 하지 않는다. 미리 이도 닦아둔다. 심각한 프로그램이나 영화 대신 다큐같이 별 생각 없이 시청할 수 있는 것을 본다. 8시 반쯤 잠이 오기 시작한다. 가장 중요한 그분이 나를 찾아온 것이다. 난 그분의 부름에 복종해 침실로 들어가 쓰러져 잔다. 그렇게 행복할 수 없다. 내가 가장 좋아하는 시간이다. 생산성 하면 여러 가지를 떠올리지만 그중 가장 중요한 한 가지를 꼽으라면 난 좋은 수면, 충분한 수면을 든다. 잠을 줄이는 건 생명을 줄이는 것이다.

수면력을
길러라

잠은 건강에 필수적이다. 낮에 힘든 일을 겪고 고달프게 살아도 잠을 잘 자면 모든 피곤이 사라진다. 반대로 잠을 제대로 자지 못하면 그다음 날 생산성이 확 떨어진다. 1950년 미국 암협회에서 흥미로운 조사를 했다. 100만 명 이상의 사람들을 대상으로 영양, 운동, 수면 등에 대한 기초 조사를 실시했고 6년 뒤 이들의 건강 상태를 추적 조사했다. 사망률과 가장 밀접한 관련이 있는 것이 수면이었다. 적정 수면이라 알려진 8시간을 숙면하는 사람이 건강하게 장수했다.

잠은 어떤 역할을 할까? 잠이 부족하면 어떤 일이 일어날까? 우린 낮 동안 엄청난 정보에 노출된다. 잠은 피로를 없애고 최고의 상태로 회복하도록 돕는다. 이를 위해 머리는 차게, 발은 따뜻하게 해야 한다. 이른바 두한족열頭寒足熱이다. 과열된 컴퓨터를 식히듯 잠을 자는 동안 체온이 떨어지고 뇌에 차가운 피가 흘러 머리를 식히는 것이다.

부족한 수면은 잘못된 결정을 하게 만든다. 중독에 저항하는 힘이 약해진다. 도박, 과소비, 게임 같은 유혹에 넘어간다. 수면은 지친 몸을 회복하게 하고 감정을 조절하는 역할도 한다. 화를 잘 내는 사람, 감정 기복이 심한 사람은 잠을 제대로 자지 못했을 가능성이 높다.

이처럼 잠이 부족하면 어떤 일이 일어날까? 실제 사례를 소개한다. 과로와 스트레스에 지친 어떤 남자가 겨우 눈을 떴다. 그는 며칠간 계속 잠이 부족했다. 세수를 하는 둥 마는 둥 허겁지겁 차를 몰아 회사에 도착했다. 졸린 눈을 비비고 일을 하는데 아내에게 전화가 왔다. 아이를 유치원에 맡겼냐는 것이다. 그때 비로소 차 뒷좌석에 애들을 두고 왔다는 사실을 깨달았다. 픽사에서 실제 일어난 일이다. 이처럼 잠이 부족하면 정신이 혼미해진다. 정신이 없고 잘못된 결정을 내린다. 실제 수면 부족은 사고로 이어진다. 대부분의 대형사고 뒤에는 수면 부족이 있다.

수면 빚sleep debt이란 말이 있다. 빌린 돈을 갚아야 하듯 밀린 수면은 반드시 갚아야 한다는 말이다. 잠을 줄여가면서 뭔가를 한다는 것은 생명을 깎아먹는 행위다. 돈을 갚지 않으면 파산하듯 수면도 보충하지 않으면 파산한다. 수명이 줄거나 건강을 해친다. 수명 파산 혹은 건강 파산이다. 더 심각한 것은 이 파산에는 신용 구제 프로그램 같은 것이 없다는 사실이다. 처음에는 전조 증상이 나타나고 다음엔 질환이 발생한다.

윈스턴 처칠은 누구보다 수면을 중시했다. 각료 회의를 할 때도 자신의 낮잠 시간 이후로 스케줄을 잡았다. 영조 역시 규칙적 생활과 수면을 통해 건강을 유지했다. 어전 회의를 하다가도 식사 시간이 되면 회의를 중지하고 밥을 먹었다. 아인슈타인이 가장 중요하게 생각한 것도 수면이다. 그는 10시간 이상 잤다. 일 잘하는 사람들은 대부분 숙면을 취한다.

역사상 시간 관리를 가장 잘한 사람은 구소련의 수학자 알렉산드로비치 류비셰프일 것이다. 철저한 시간 관리와 왕성한 연구 활동으로 1만 2,000편의 논문과 70여 권의 저서를 남겼다. 몸을 혹사했을 것 같지만 그렇지 않다. 당시로는 드물게 82세까지 건강하게 장수했다. 비결은 수면이다. 하루 10시간 이상 자는 데 할애했고 절대 과로하지 않았다. "난 하루 8시간 이상 일해본 적이 없다. 가장 많이 일한 것이 12시간이다.”그는 인생을 시간이란 자원으로 가동하는 공장으로 간주했고 할 일이 정해지면 얼마만큼의 시간을 투입할 것인지 결정해 반드시 그 시간 안에 일을 끝냈다.

류비셰프의 몇 가지 생활 원칙은 이렇다. 의무적인 일은 맡지 않는다. 시간에 쫓기는 일은 하지 않는다. 피로를 느끼면 바로 일을 중단하고 휴식을 취한다. 힘든 일과 즐거운 일을 적당히 섞어서 한다. 10시간 이상 충분히 잠을 잔다. 류비셰프는 일용할 양식을 대하듯 시간을 경건하게 여겼다. 시간을 죽인다는 생각 따윈 하지 않았다. 1분 1초도 너무나 소중한 시간이었다. 그는 시간을 숭배한 사람이다. 인생은 무언가를 이루기에 결코 짧지 않다는 것을 깨달은 사람이다.

주변에 잠을 제대로 자지 못하는 사람들이 많다. 그래서 사람들은 어떻게 하면 잠을 잘 잘까 고민한다. 이 질문 대신 어떻게 하면 잠을 못 잘까 생각해본다. 최대한 부정적인 생각을 하고 자기 전에 술을 마신다. 낮 동안 가급적 몸을 움직이지 않는다. 밤늦게까지 형광등을 켜놓거나 스마트폰을 본다. 이렇게 되면 잠이 오지 않을 확률이 높다.

《밤을 경영하라》라는 책을 보면, 우울증과 불면증은 같이 온다. 불면증이 계속되면 우울증에 걸릴 확률이 두 배로 높아진다. 미국에서 불면증 환자 8,000명을 조사했다. 지속적인 불면증이 있는 경우 우울증 확률이 40배나 높았다. 우울증 환자의 80~90퍼센트는 불면증을 경험했다. 만성적 불면증은 고혈압, 심장병, 당뇨의 원인이 된다. 술도 장애 요인이다. 술을 마시면 잠이 잘 올 것 같지만 사실은 반대다.

인생의 건강관리는 마라톤과 같다. 오버페이스를 하면 안 된다. 기고만잠의 원칙을 알아야 한다. 기상 시간을 고정하고, 실컷滿 잠을 자야 한다. 어제 잠이 부족했다면 오늘 잠드는 시간을 당기되, 내일 아침 일어나는 시간은 어떻게든 지켜야 한다. 기상 시간이 뒤로 밀리면 전진하지 못하고 후퇴하게 된다. 나이가 들수록 수면력이 약해진다. 이를 받아들이고 대책을 세우는 것이 낫다. 이를 위해서는,

첫째, 매일 수면 일지를 기록해 수면 시간을 파악하고 스스로 관리해야 한다. 복잡할 것 없다. 몇 시에 자고 몇 시에 일어났는지, 잘 잤는지 이후에 졸렸는지 정도만 기록하면 된다. 수면에 대한 상식을 숙지하기만 해도 수면 개선 효과가 있다. 둘째, 일상생활의 규칙성이다. 몸은 생체 시계를 갖고 있다. 기상, 식사, 목욕 등에서 규칙적인 생활을 하는 사람의 수면 질이 가장 좋다. 규칙성이 있으면 잠이 쏟아진다. 셋째, 아로마향의 활용이다. 특히 라벤더는 진정 작용을 한다. 불면, 우울증, 불안, 스트레스 완화 등에 효과적이다.

세계 최고의 병원 메이요 클리닉은 의료계의 대법원이고 건강의 보루다. 이들은 특히 수면을 강조하고 별도의 수면 장애 센터까지 운영한다. 이들이 권하는 잠의 10계명은 다음과 같다. 일요일 늦잠은 금물이다. 잠들기 전 먹거나 마시지 마라. 카페인과 니코틴을 금하라. 낮에 활기차게 움직여라. 실내는 선선하게, 손발은 따뜻하게 하라. 20분 이상 낮잠은 피하라. 소음을 줄이기 위한 방법을 찾아라. 가장 편한 잠자리는 직접 만들어라. 따뜻한 물로 샤워하라. 수면제에 의지하지 마라. 다 비슷비슷한 주장이다.

현재 한국인의 수면 질은 어떨까? 그리 좋아 보이지 않는다. 장애 요인이 너무 많다. 장시간 근무, 잘못된 회식 문화, 과도한 빛 노출, 휴식을 죄악시하는 분위기 등이 모두 그렇다. 잠을 제대로 자지 못하면 머리가 띵하다. 별일 아닌 일에 예민하게 반응하고 제대로 된 의사 결정을 하지 못한다.

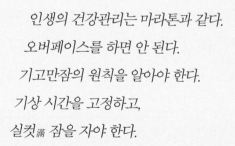

인생의 건강관리는 마라톤과 같다.
오버페이스를 하면 안 된다.
기고만잠의 원칙을 알아야 한다.
기상 시간을 고정하고,
실컷滿 잠을 자야 한다.

4

조직 문화의
생산성

한국 양궁이 세계를
제패한 이유

양궁은 대한민국이 가진 세계 정상의 초일류 히트 상품이다. 언제부터인가 거의 모든 세계 대회를 휩쓸고 있다. 전 세계가 한국의 독주를 막기 위해 계속 규칙을 바꾸고 한국인 양궁 지도자가 전 세계에 진출해 한국의 가장 무서운 경쟁자가 되기도 한다. 심지어 활도 한국산 활이 세계를 평정했다. 도대체 무엇이 한국 양궁을 이렇게 강하게 만들었을까?

스포츠에 운 따위는 존재하지 않는다. 1점 차이로 승부가 갈리는 극한의 순간에 표정 하나 변하지 않고 10점짜리를 쏠 수 있는 것은 운이 좋아서가 아니라 생산적인 훈련 덕분이다. 경기에 임할 때 한국 선수들은 유독 표정 변화가 없다.

원래 그런 것이 아니라 오랜 기간 마인드컨트롤 훈련을 해왔기 때문이다. 선수는 희로애락의 감정을 드러내서는 안 된다. 특히 양궁은 그렇다. 항상 평정심을 유지하도록 훈련한다.

양궁은 1984년 서향순이 LA올림픽에서 처음으로 금메달을 땄다. 그 전에는 불모지였다. 지금은 금메달을 못 따면 이상하게 여긴다. 훈련의 과학화가 관건이다. 양궁은 최초로 과학을 도입했다. 스포츠심리학을 적용하고 기상천외한 방법을 끊임없이 개발하고 있다. 해병대 훈련, 번지점프, 무박 3일 행군 등 인간 한계에 도전하는 훈련도 하고 있다. 1987년 호주세계선수권 대회에서 여자 양궁은 은메달 하나에 그쳤다. 이후 훈련 방식을 모두 바꾸었다.

그때 도입한 지옥 훈련이 양궁 역사를 새로 썼다. 경정 경기장처럼 가장 소란스런 곳을 찾아 훈련했다. 활을 쏘기 직전 심장이 터질 듯한 공포를 이겨내고 담담한 마음으로 결단력 있게 활시위를 놓기 위해 실전보다 더 실전 같은 시뮬레이션 훈련을 한다. 시차 극복 여부를 확인하기 위해 화장실 가는 시간까지 확인한다. 경기장에서 쉬는 시간에 잠깐씩 틀어줄 음악 CD까지 챙긴다.

공정한 평가도 중요하다. 양궁이 한국에 들어올 당시는 미국과 러시아가 최강이었다. 그들은 왜 정상의 자리를 내놓

았을까? 원칙에 충실하지 못하고 아주 기본적인 것을 소홀히 했기 때문이다. 특히 일부 뛰어난 선수에게 지나치게 의존한 것이 치명적이었다.

한국 양궁은 과학적이고 철저하고 공정한 원칙에 입각해 선수를 선발한다. 10개월 동안 대회를 7번 치른다. 고참이건 신참이건 모두 같은 조건에서 한다. 7번의 대회에서 살아남은 선수만이 국가대표 선수로 선발된다. 올림픽이 있는 해에는 10회에 걸쳐 평가전을 치른다. 4차전이 끝나고 나면 남녀 각 8명이 남는다. 그다음 5차전에서 4명이 더 줄어 각각 4명이 남는다. 그다음 3개의 국제대회를 통해 성적대로 남녀 1명씩 탈락시켜 최종적으로 남자 3명, 여자 3명을 올림픽에 출전시킨다.

각 평가전의 목적은 조금씩 다르다. 1차전은 체력, 2차전은 정신력, 3차전은 담력, 4차전은 집중력, 5차전은 승부 근성, 6차전은 환경 변화에 대한 적응력, 7차전은 심리적 압박감을 이기는 데 중점을 두고 경기를 치른다. 실력과 원칙대로만 하다 보니 양궁은 모든 스포츠 종목 중 가장 파벌이 없는 종목이 되었다. 아무리 뛰어난 금메달리스트도 2연패를 하지 못할 만큼 고정된 스타는 존재할 수 없다.

조직 문화도 중요하다. 양궁은 선수촌에서 가장 먼저 민

주화된 조직 문화를 갖고 있다. 보통 상사가 주선하는 회식 모임에 구성원들은 '어떻게 하면 참석을 안 할 수 있을까'를 고민하지만 양궁은 그렇지 않다. 양궁에서는 선수와 지도자, 지도자와 지도자, 직급의 높고 낮음을 떠나 모든 구성원들이 자연스럽게 대화한다. 의견 개진도 활발하다. 조직에서 중심적 존재는 고위직에 있는 사람이 아니라 가장 낮은 위치에 있는 사람들이다. 핵심은 윗사람이 아랫사람을 어떻게 대하느냐에 달려 있다. 최고의 구성원을 만들려면 구성원을 최고로 대해야 한다.

관찰과 원활한 소통도 중요하다. 선수들을 처음 만날 때 가장 중요한 것은 침묵 속의 관찰이다. 만나자마자 지적하고 코칭을 하면 깨달음이 오는 것이 아니라 반발과 불신이 생긴다. 서거원 감독은 《따뜻한 독종》이라는 책에서 이렇게 얘기한다. "저는 말을 아끼고 주로 듣는 편입니다. 잔소리나 지적을 자제하고 주로 맞장구를 칩니다. 그러다 보면 모든 이야기가 다 나옵니다. 선수가 내게 하고픈 이야기, 내가 상대에게 해주고 싶었던 이야기가 실타래 풀리듯 저절로 풀려 나옵니다. 그다음부터는 소통이 한결 수월해집니다. 아랫사람이 윗사람에 대해 '저 사람은 전에 한 얘길 또 하는 것 같다'고 느끼는 순간 그것은 염려나 대화가 아니라 잔소리가 됩니다. 그

리더는 형세를 만드는 사람이다.

조직이 승리할 수 있는 구조와,

승리할 수 있는 기세등등한

분위기를 만드는 사람이다.

진정한 리더십은 결국 분위기를 바꾼다.

분위기를 바꾸면 성과는 따라온다.

렇게 인지하는 순간부터는 무슨 얘기를 해도 먹히지 않습니다. 반대로 '저 사람이 뭔가 한마디 할 것 같은데' 하지 않고 무언의 뭔가가 느껴질 때 상대방은 내 언행에 주목하고 내 의지에 설득당하기 시작합니다. 윗사람이 될수록, 직위가 올라가거나 나이가 들수록 아랫사람에게 해주고 싶은 말이 많아지는 법입니다. 하지만 그 욕구에서 한발 물러서고 한마디 참을수록 더 쉽게 자신의 뜻을 전할 수 있습니다."

리더는 형세를 만드는 사람이다. 조직이 승리할 수 있는 구조와, 승리할 수 있는 기세등등한 분위기를 만드는 사람이다. 스포츠는 특히 그러하다. 별 볼일 없던 팀이 감독 하나 바뀌었을 뿐인데 우승을 한 예가 넘쳐난다. 그가 무슨 일을 했을까? 1~2년 사이에 무슨 일을 할 수 있을까? 가장 많이 바뀌는 건 무엇일까? 바로 팀 분위기다. 질문을 못하는 분위기에서 질문이 환영받는 분위기로 바뀔 수 있다. 감독과 같이 밥 먹는 걸 꺼리는 분위기에서 함께 밥을 먹으려는 분위기로 바뀔 수 있다. 진정한 리더십은 결국 분위기를 바꾼다. 분위기를 바꾸면 성과는 따라온다.

익스트림
팀

넷플릭스, 픽사, 에어비앤비, 알리바바, 홀푸드, 파타고니아, 자포스. 이 회사들의 이름을 들으면 무엇이 연상되는가? 가장 먼저 탁월성이 떠오른다. 뭔가 다른 조직 문화를 갖고 있고 성과도 탁월하다. 이들은 어떻게 이런 성과를 내고 있을까? 로버트 브루스 셔의 《익스트림 팀》이란 책에서 이들 7개 기업을 선정한 기준은 다음과 같다.

우선, 성장과 재정적 성공이 명확해야 한다. 어려운 고비에서 성장 능력과 전망을 입증했는지가 중요하다. 이들은 전통 강자들이 존재하던 업계에서 완전히 새로운 개념의 사업과 리더십을 보였다. 조직 운영과 일하는 방식도 과거 기업들과 다르다. 그들은 모두 팀 단위 성공을 중요하게 여긴다. 모든 위대한 성취는 작은 집단이 대담한 목표를 성취하기 위해 함께 힘을 모아 노력한 결과다. 작은 집단을 어떻게 운영하는지가 전체 조직의 운명을 결정한다. 이런 팀을 익스트림 팀 Extreme Team이라고 부른다.

나는 다르게 이 회사를 본다. 이들은 가장 생산성이 뛰어난 조직이다. 생산성이 무엇인지, 생산성을 올리기 위해 무엇을 하고, 하지 말아야 하는지 잘 보여준다. 이 조직의 5가지 특징이 있다.

첫째, 올인한다. 집중한다. 대충 설렁설렁 일하는 것이 아니라 하고자 하는 일에 집중하는 것이다. 이들은 팀의 궁극적 목표 달성을 위해 종교 집단에 가까운 집념을 발휘한다. 일중독이 아니다. 일의 의미를 알고 즐기는 것에 가깝다. 목표는 조직마다 다르다. 경제적 성공만이 아니다. 최고의 매출이 될 수도 있고, 사회적 가치의 실현일 수도 있다. 팀의 목표를 체득하고 자기 역할을 거기에 올인한다. 생산성 향상은 팀이 가고자 하는 방향이 명확하고 구성원들 모두가 이를 몸으로 느낄 수 있어야 가능하다.

둘째, 개인기보다는 팀워크를 중시한다. 개인기가 중요할까, 아니면 팀워크가 중요할까? 조직의 특성, 역사, 규모에

따라 다 다르다. 확실한 게 하나 있다. 개인기에 의존한 성장
은 한계가 있다는 점이다. 일정 기간까지는 리더의 개인기에
의존할 수밖에 없다. 하지만 그 이상이 되기 위해서는 개인기
만으론 안 된다. 이를 팀워크로 발전시킬 수 있어야 한다. 개
인기도 중요하지만 그보다 각 개인의 동기와 가치와 장점이
잘 섞일 때 더 큰 시너지를 낸다. 개인이 할 수 있는 일은 제
한적이다. 탁월한 개인보다 팀워크로 똘똘 뭉친 팀이 훨씬 큰
일을 할 수 있다.

셋째, 중요한 몇몇 분야에 집중한다. 모든 일을 다 잘하
는 건 불가능하다. 모든 일을 다 잘하려다가는 아무것도 잘할
수 없다. 팔방미인이 쓸모없는 것과 같은 이치다. 가진 자원
은 한정적이다. 최고의 성과를 위해서는 정말 중요한 분야만
을 집중해서 공략해야 한다. 그곳에 모든 자원을 투자하고 불
필요한 일은 가능한 한 피하거나 다른 방법으로 해결해야 한
다. 불필요한 절차와 간섭도 없애야 한다. 엉뚱한 곳에서 힘
을 빼면 안 된다.

넷째, 때론 강하고 때론 부드럽다. 고도의 자율성과 명확
한 책임 의식을 함께 추구한다. 자율은 책임을 필요로 한다.
책임이 없는 자율은 방임이다. 무책임이다. 픽사는 자기 프로
젝트를 스스로 선택하지만 선택에 따른 책임 역시 본인이 진

다. 홀푸드는 고객과 가장 가까이 있는 판매사원들이 고객에게 가장 좋은 서비스 방식을 결정하게 한다. 넷플릭스는 직원들의 독립성을 최대한 보장하기 위해 업무 매뉴얼과 간섭을 최소화했다. 자율적이지 않은 사람은 넉넉한 퇴직금을 주고 퇴사를 권고한다. 실수를 하거나 성과가 부진할 경우 만회할 시간은 주지만 시간이 많지는 않다. 너그럽지만 냉정한 면이 있다.

다섯째, 불편함을 편안하게 받아들인다. 이들은 서로 격려하지만 한편으로 갈등과 충돌을 즐긴다. 건강한 논쟁을 통해 더 나은 결과를 도출하도록 유도한다. 이를 위한 조직 문화는 다르다. 넷플릭스는 팀을 프로 스포츠 팀에 비유한다. 조직에 필요한 능력을 발휘하지 못하면 언제든 다른 구성원으로 대체된다. 자포스는 가족 같은 분위기를 만드는 데 많은 공을 들인다. 직원들의 유대감과 공동체 의식이 회사의 핵심 철학이다. 구글은 업무의 20퍼센트는 딴짓을 권하며 창의력을 제고한다고 하지만 실제 업무 시간은 120퍼센트다. 그만큼 업무 강도가 센 것이다.

생산성은 단순화와 집중이다. 이들 잘나가는 7개 회사는 자신이 잘할 수 있는 몇몇 분야를 선정하고 거기에 올인한다. 엉뚱한 일에 신경 쓰지 않는다. 자율성을 중시한다. 쓸데없는 생산성은 단순화와 집중이다.

엉뚱한 일에 신경 쓰지 않는다.

자율성을 중시한다. 쓸데없는 간섭을

없애지만 그에 대한 책임은 철저하게 따진다.

개인보다는 팀워크를 중시한다.

일할 때는 빡세게 일하고,

쉴 때는 화끈하게 쉰다.

간섭을 없애지만 그에 대한 책임은 철저하게 따진다. 개인보다는 팀워크를 중시한다. 일할 때는 빡세게 일하고, 쉴 때는 화끈하게 쉰다.

마즈
이야기

"많은 기업들이 주인 의식을 가지라고 말하지만, 일방적인 권위주의 문화에서는 주인 의식이 아닌 머슴 의식이 생겨날 뿐이다. CEO와 임원들은 조직 문화를 만들고 지키는 수호자들이다. 어떤 가치와 문화를 만들고 지킬 것인지 진지하게 고민해야 한다." 국민대 고현숙 교수의 주장이다. 주인 의식은 주인의 눈치를 보라는 것이다. 문화 자체가 눈치를 볼 수밖에 없기 때문이다.

잔소리나 강요로 일을 하는 조직이 있다. 야단치고 윽박지르며, 왜 하지 않았느냐, 왜 했느냐 일일이 지시하고 통제한다. 말하는 사람도 답답하고, 듣는 사람은 더 답답하고 짜증이 난다. 이런 조직에서 생산성은 의미가 없다. 윗사람 아랫사람 할 것 없이 다 같이 일하는 척만 할 뿐이다. 자신이 가진 잠재력의 10퍼센트쯤 발휘할 것이다. 그러고도 조직이 발전한다면 그게 기적이다.

생산성은 그 조직이 가진 조직 문화에 비례한다. 사람이 일하는 게 아니라 조직 문화가 일을 하는 것이다. 그렇기 때문에 생산성을 위해 가장 시급하게 해야 할 일은 생산적으로 일할 수밖에 없는 조직 문화를 만드는 것이다. "강력한 기업 문화는 보이지 않는 손으로 기업의 운영 방식을 지배한다. 여기서는 그렇게 하지 않는다는 말이 그 어떤 문서상 규칙이나 매뉴얼보다 훨씬 강력한 힘을 가진다." 인텔 앤드루 그로브의 주장이다. "문화는 최우선의 문제다." 사우스웨스트의 허브 캘러허의 말이다.

그렇다면 기업 문화란 무엇인가? "많은 사람이 감지하는 것이 인식이 되고, 그 인식이 널리 퍼져 문화가 된다. 기업 문화는 일을 할 때 내 의지와는 상관없이 의식적 혹은 무의식적으로 따라 할 수밖에 없는 환경이다. 개발 일정이 위에서 내려오면 그 일정이 비현실적이라도 무조건 맞춰야 한다는 인식이 박혀 있으면 그게 기업 문화다." 나의 친구 김익환의 주장이다.

좋은 문화가 좋은 회사를 만들고, 좋은 회사는 성과로 이를 보상한다. 그중 하나가 마즈MARS라는 회사다. M&M초콜릿이나 스니커즈, 트윅스 같은 브랜드로 유명한 글로벌 기업인데 매출이 37조 원이 넘는다. 가치 중심적이고 수평적이며 주인 의식이 분명한 조직 문화로 유명하다. 한국 마즈에서는 일반 직원이 대표 이름을 거침없이 부른다. 부장님, 상무님 같은 직급 대신 영어 이름으로 부른다. 임원실도 따로 없다. 대표를 포함해 모두가 사무 공간에서 함께 어울려 일한다. 소통이 많은 사람끼리 가깝게 자리를 배치하여, 굳이 회의를 하지 않아도 그때그때 대화하며 일할 수 있다.

한번은 회사의 주차장 부족으로 차량 중 몇 대를 외부 주차장에 두어야 하는 이슈가 있었다. 보통 회사라면 높은 사람 차는 건물 내에 두고, 직원들 차를 외부로 보냈을 것이다. 이 회사는 달랐다. 평소 물품을 싣고 내리는 일이 많은 영업 사원 차를 건물 내에 두고, 임원들 차를 외부에 두기로 결정한 것이다. 이게 조직 문화다.

조직 문화는 가치가 행동으로 전환된 결과물이다. 평소 그들이 높이 생각하는 가치가 어떤 것인지 조직 문화로 바뀌는 것이다. 대부분의 회사는 가치와 행동이 따로 논다. 반대인 경우도 흔하다. 투명이란 가치를 내세우고 완전 불투명하게 운영하는 회사도 있고, 완전 불통 조직에서 소통을 가치로 주장하기도 한다. 그러면 조직은 냉소적으로 바뀐다.

이 회사는 다르다. 실제 가치가 살아 움직인다. 마즈는 상호성mutuality이란 가치를 갖고 있다. 사업이 직원은 물론 고객, 협력 업체, 대리점, 지역 공동체, 심지어 농민들에게도 이익이 되도록 노력한다는 의미다. 영업용 차 리스 계약 갱신을 위해 업체를 선정할 때의 일이다. 입찰 결과 대기업 금융사에서 더 좋은 조건을 제시했고 담당 부서는 그 업체로 잠정 결론을 내렸는데 다른 부서 직원들이 제동을 걸었다. 금액 차이도 크지 않은데 오랫동안 파트너였던 기업을 버리고 싼값을 제시한 대기업과 계약하는 것이 상호성의 가치에 맞지 않는다는 것이다. 결국 원래 업체를 쓰기로 했다.

효율성efficiency도 중요한 가치다. 즉, 잘할 수 있는 것만 한다. 매출 37조 원이 넘는 큰 기업이니 원료 공급이나 포장재 생산, 물류 사업, 광고 대행사만이라도 계열사로 가지면 돈을 쉽게 벌 수 있겠지만 그렇게 하지 않는다. 소박한 환경에서 일하고, 일인당 생산성과 매출액이 매우 높은 것도, 제품의 과대 포장 없이 최소한의 포장으로 환경에 영향을 덜 주는 것도 효율성의 가치를 실천하기 때문이다.

앞에서도 말했지만 리더는 형세를 만드는 사람이다. 형

보통 회사라면 높은 사람 차는 건물 내에 두고,
직원들 차를 외부로 보냈을 것이다.
이 회사는 달랐다. 평소 물품을 싣고 내리는 일이
많은 영업사원 차를 건물 내에 두고,
임원들 차를 외부에 두기로 결정한 것이다.
이게 조직 문화다.

形은 조직의 구조, 세勢는 조직의 문화와 분위기를 말한다. 리더는 이길 수밖에 없는 구조와 이길 수밖에 없는 세를 만드는 사람이다. 축 처진 분위기를 가진 조직과 기세등등한 분위기를 가진 조직 중 누가 승리할 것 같은가?

조직 문화는
기업의 뿌리다

늘 책을 보는 집 아이들은 자연스럽게 책을 볼 수밖에 없다. 부모가 생전 공부를 하지 않으면서 공부를 강요하는 집 아이들은 부모 앞에서만 책 보는 척을 한다. 조직도 마찬가지다. 인간은 자유로운 영혼을 가진 존재다. 그런 개인을 통제할 수는 없다. 개인을 통제하는 방법은 좋은 조직 문화를 만들어 문화가 그를 통제하게 하면 된다. 사람은 분위기와 환경으로부터 자유로울 수 없다. 안주하는 문화에서는 안주하는 개인이 나오고 혁신을 즐기는 문화에서는 혁신가가 나오기 마련이다.

"강력한 문화는 성과를 높일 수도, 떨어뜨릴 수도 있다.

같은 사업을 하는 두 기업이 영업이익에서 차이를 보이는 원인을 살펴보면, 기업 문화의 영향이 절반을 차지한다. 문화를 만드는 것은 리더의 중요한 책임 중 하나다. 이 책임을 소홀히 하면 그에 따른 위험을 각오해야 한다." 하버드 경영대학원의 제임스 헤스켓 교수가 《하버드비즈니스리뷰》 기고문에서 한 말이다.

핵심 가치가 조직 문화로 정착되기 위해서는 다음의 4가지 요소가 필요하다. 첫째, 의도적으로 설계되어야 한다. 둘째, 리더가 이끌어야 한다. 셋째, 문화라고 느끼는 틀 안에서 이루어져야 한다. 넷째, 공통의 언어를 공유해야 한다. 이 중 리더에 의한 부분이 특히 중요하다.

기업 문화는 상부에서 만들어 하부에서 실행되는 것이 아니라, 일상의 핵심 가치를 수용하고 그것을 자발적으로 현장에서 실행할 수 있어야 한다. 조직 문화가 일상에도 적용되어야 하는 것이다. 자발성을 바탕으로 하지 않는 문화는 생명력이 약하다. 다이어트 이론을 잘 안다고 다이어트를 잘하는 것이 아니다. 조직 문화는 사업적 성과 같은 계량적 목표보다는 자기를 비춰볼 수 있는 자기 성찰적 거울 역할을 한다. 그게 있어야 진정한 의미의 공동체로서 역할을 할 수 있다.

이를 잘 실천하는 조직 중 하나가 구글이다. 구글의 3대

문화는 첫째, 실패를 용인하는 문화다failure tolerance. 이들은 실패보다 우물쭈물하다 놓치는 것을 더 두려워한다. 둘째, 직원 역량을 정확히 판단한다. 뛰어난 사람을 물 먹이고 엉뚱한 사람을 인정하는 걸 두려워한다. 셋째, 아이디어 쌓기다. 아이디어는 하루아침에 나오는 것이 아니기 때문에 축적에 신경을 써야 한다는 것이다.

이를 위한 두 가지 원칙이 있다. 끝까지 플랫하게 조직을 운영하는 것과 의도적으로 카오스 상태를 유지하는 것이다. 이들은 역할과 책임 관련 직무 기술서도 없다. 일부러 긴장, 갈등, 지적 충돌을 일으킨다. 당연히 일이 다반사로 겹치지만 이런 과정을 거쳐 구글 뉴스, 애드센스, 지메일 등이 나왔다. 이런 조직 문화를 만들기 위해서는 무엇이 필요할까?

일단, 채용과 교육이 가장 중요하다. 인재상은 "가능한 넓은 배경을 갖고, 여러 가지 일을 소화할 수 있는 제너럴리스트다. 생각이 유연하고, 협력을 잘하고, 일을 즐기는 사람이다. 타이틀에 얽매이거나 완고한 사람은 사절이다. 일을 잘할 만한 사람을 찾는다". 신입 사원 교육은 "몇 달 동안 멘토링과 교육 프로그램을 진행한다. 어느 시점에는 스스로 알아서 일하는 사람self-starter이 되어야 한다. 매주 100명이 넘는 사람이 들어오기 때문에 모든 일을 일일이 가르쳐줄 수 없다". 조직이 매우 수평적인데 이유는 창업자 래리와 세르게이 두 사람이 일반 엔지니어들과 직접 커뮤니케이션 하길 원하기 때문이다. 중간 간부를 거치는 건 생산적이지 않다고 생각한다. 위계질서를 신경 쓰지 않으면 조직이 더 빨리 움직일 것이다. 동기 부여는 "직원들 스스로 권한을 갖고 있다고 느끼게 한다. 동료 간 내부 경쟁 역시 건강한 경쟁력으로 전환시켜야 한다. 새로운 배움과 도전의 길을 열어야 한다".

다음은 평가다. 자칫 방만한 조직이 되기 쉽다. 직원들이 농땡이를 칠 수도 있다. 어떻게 하면 농땡이를 줄일 수 있을까? 상사가 모니터링하는 것보다 자기들끼리 긴장과 협력을 유지하게 한다. 사실, 상사는 부하가 농땡이를 치는지 열심히 일하는지 알기 어렵다. 하지만 동료들은 쉽게 안다. 서로가 서로를 의식하도록 하는 게 중요하다. 아이디어를 찾고 스스로 협업 대상을 구해야 한다. 농땡이를 치거나 대충 일하거나 책임감이 없으면 협업 대상을 찾기 어렵다. 당연히 조직에서 생존할 수 없다.

구글의 관리자는 업무 지시를 하지 않는다. 대신 회사의 전략을 알려주고 스스로 일을 발견할 수 있게 도와준다. 자유롭게 아이디어를 내게 한다. 면담하면서 목표를 평가하고 목표를 설정하게 도와준다. 업무를 한 달 단위로 체크한다. 한

기업은 사과나무와 같다.
뿌리는 조직 문화, 줄기는 관리자,
가지는 직원이고 열매는 그 가지에서 열린다.
직원을 통해 성과가 창출되는 것이다.
기업이 발전하기 위해서는 우선 뿌리가
튼튼해야 한다. 좋은 기업 문화를 만들 수 있다면
그다음부터는 일하기가 훨씬 편하다.

마디로 코치의 역할이다. 구글의 기업 문화 담당인 스테이시 설리번은 꾸준히 성장하면서 건강한 경쟁이 살아 숨 쉬는 조직 문화를 만들고 유지하는 게 목표라고 얘기한다.

기업은 사과나무와 같다. 뿌리는 조직 문화, 줄기는 관리자, 가지는 직원이고 열매는 그 가지에서 열린다. 직원을 통해 성과가 창출되는 것이다. 기업이 발전하기 위해서는 우선 뿌리가 튼튼해야 한다. 좋은 기업 문화를 만들 수 있다면 그 다음부터는 일하기가 훨씬 편하다. 기업 문화가 일을 하기 때문이다. 반대로 잘못된 기업 문화를 만들면 경영은 고달프다. 일일이 지시하고 확인하고 잔소리를 해야 한다. 그 조직이 가진 문화가 성과를 좌우한다.

좋은 기업과
나쁜 기업의 차이

얼마 전 삼성전자 반도체의 고위 임원을 만나 식사를 한 적이 있다. 난 도대체 어떻게 그런 뛰어난 성과를 낼 수 있는지 질문했다. 잠시 생각을 하던 그분은 이렇게 답했다. "우리 반도체는 솔직한 조직 문화를 갖고 있습니다. 문제점을 감췄다 큰일 난 적이 몇 번 있었는데 그 일을 계기로 모든 문제점을 솔직하게 얘기합니다. 그럼 사람들이 무언가 돕기 위해 달려듭니다. 내 부서, 네 부서 가리지 않습니다. 내 문제점이란 말 대신 우리 문제점이란 표현을 씁니다. 문제점을 개선하는 회의에 자기를 부르지 않았다고 섭섭해하는 사람들도 있습니다. 참 독특하지요."

나는 그 얘길 듣고 충격을 받았다. 보통 조직은 '사일로 문제'로 고민한다. 부서 간 장벽이 너무 높아 정보 공유도 되지 않고, 문제점이 있을 때 그게 누구 책임인지를 두고 다투는데 여기서는 반대라는 것이다. 조직의 성과는 그 조직이 가진 문화에 좌우된다는 평범한 진리를 다시 한번 깨달았다.

생산성은 수많은 요인에 의해 좌우되지만 그중에서도 가장 큰 요인은 조직 문화다. 어떤 조직 문화를 가졌느냐가 조직의 생산성을 좌우한다. 질문하는 걸 죄악시하는 조직이 있는 반면, 질문 안 하는 걸 무능으로 생각하는 조직도 있다. 뭔가 새로운 일을 하지 않으면 한 소리 듣는 조직이 있는가 하면, 뭔가 일을 벌이면 눈총을 받는 조직도 있다. 만나면 반갑게 인사하면서 안부를 묻는 조직이 있고, 서로 소가 닭 쳐다보듯 하는 조직도 있다. 회의에 10분쯤 늦는 걸 당연하게 생각하는 조직이 있는 반면, 10분쯤 미리 가서 얘기를 나누다 회의를 하는 조직도 있다.

조직 문화란 무엇일까? 조직 문화란 기업 활동 전체를 관통하는 책임 의식, 공동의 목표와 가치에 대한 공감을 의미한다. 조직 문화는 최고경영자의 가치와 목표에 의해 만들어진다는 것이 피터 드러커의 정의다. 좀 더 자세히 그의 생각을 확인해자.

사람들이 문제를 해결하는 방식, 인간관계를 맺는 방법, 시간에 대한 태도, 환경에 대한 태도가 문화다. 조직 문화는 직원들이 생각하는 기업의 가치 체계를 의미한다. 눈에 보이는 특징과 관습 같은 외형적인 상징 이상의 것을 나타낸다. 본질적인 문제이며 구성원 전체가 받아들이고 중요시하는 가치에 관련된 문제다.

좋은 기업과 나쁜 기업의 차이는 그 구성원 전체가 가진 문화에 좌우된다. 다 쓰러져 가는 건물의 오래된 기계에서 일하는 동기 부여된 집단이, 최신 기계와 건물에서 일하지만 사기가 바닥인 집단보다는 더 많은 성과를 이룬다. 좋은 기업 문화는 직원에게 동기를 부여하고, 만족한 사원은 더 좋은 기업 문화를 만들고, 그럼으로써 뛰어난 사람들이 이 조직에 오게 만든다.

사람은 돈 때문에만 일하지 않는다. 일의 의미, 재미, 그리고 상위의 목적과 가치 실현을 위해 일한다. 선진 사회일수록 사람들은 고상한 욕구를 위해 일한다. 서로를 경쟁자로 인식하는 회사, 사람을 도구로 생각하는 회사, 인정과 배려가 없는 회사, 일만을 강조하는 회사는 단기적으로는 성과를 낼지 모르지만 장기적 성공은 절대 이룰 수 없다. 그 조직이 가진 문화가 성과와 직결되기 때문이다. 대부분의 에너지가 내적 갈등에 소모되는 환경에서는 높은 연봉이 별다른 역할을 하지 못한다.

고도의 업무일수록 조직 문화가 중요하다. 조직 문화는 출근부를 대체한다. 이는 피터 드러커의 주장이다. 내가 생각하는 조직 문화는 최고 책임자의 성격, 가치관, 행동의 결과물이다. 최고경영자의 일거수일투족은 구성원들의 관찰 대상이다. 그가 어디에 높은 가치를 두는지, 사람을 어떻게 대하는지, 언제 화를 내고 언제 칭찬을 하는지, 누구를 중요시하고 누구를 내치는지를 보면서 구성원들은 자신의 행동을 결정한다. 그런 구성원들의 행동 방식이 오랜 세월에 걸쳐 조직 문화로 만들어지는 것이다.

좋은 조직 문화를 만들기 위해서는 어떤 일을 해야 할까? 먼저 조직이 가진 생각과 가치관을 정리해서 구성원들과 공유해야 한다. 우리 조직의 목표는 무엇인지, 우리 조직이 소중하게 생각하는 가치와 이념은 어떤 것인지 생각하고 그것에 대해 구성원들과 토론하고 그 과정을 통해 가치와 목표를 재정립해야 한다. 또 그것이 조직 문화로 자리 잡기 위해서는 시스템적인 뒷받침이 필요하다. 한방향정렬alignment이다. 같은 방향에 맞춰 사람과 시스템을 정렬해야 한다.

좋은 사례 중 하나는 3M이다. 이 회사의 조직 문화는 혁

조직이 가진 생각과 가치관을
정리해서 구성원들과 공유해야 한다.
우리 조직의 목표는 무엇인지 우리 조직이
소중하게 생각하는 가치와 이념은
어떤 것인지 생각하고, 그것에 대해
구성원들과 토론하고 그 과정을 통해
가치와 목표를 재정립해야 한다.

신과 창의성이다. 계속 혁신하고 새로운 걸 만들어낸다. "새로운 제품 아이디어를 죽이지 않는 것, 완벽한 정직성, 개인의 창의성과 성장에 대한 존중, 선의의 실수에 대한 관대함, 제품의 품질과 신뢰성, 본질적 업무로서 문제 해결" 등이 그들이 주장하는 가치관이고 이 가치관을 정착시키기 위한 다음과 같은 시스템이 있다.

첫째, 15퍼센트 원칙이다. 이는 기술직 직원들에게 자신이 선택하고 고안한 프로젝트에 근무 시간의 15퍼센트를 투자하도록 독려하는 오래된 전통이다. 업무 시간의 일정 부분을 혁신 활동에 투자할 수 있다. 둘째, 25퍼센트 원칙이다. 각 사업부는 최근 5년 동안 시장에 내놓은 신제품과 서비스로부터 총매출의 25퍼센트를 올려야 한다. 이를 지키기 위해서는 늘 새로운 제품 개발에 힘써야 한다.

셋째, 성공적으로 신규 사업을 일으킨 사람들에게 '위대한 전진상'을 수여한다. 넷째, 연구진들이 신제품을 만들고 이를 시장에서 시험하는 것을 돕기 위해 5만 달러 범위 내에서 사업 자금을 지원한다. 다섯째, 뛰어난 기술적 기여를 한 사람들만 들어갈 수 있는 칼턴회라는 기술자 모임을 운영하고 있다. 여섯째, 성공적으로 신제품을 개발하면 그것을 자신의 프로젝트, 부서 혹은 본부에서 적용할 수 있는 제도를 운영한다. 일곱째, 기술직과 전문직 종사자를 위해 이중 경력 관리 제도를 운영한다.

현재 어떤 조직 문화를 갖고 있는가? 지금의 문화로 원하는 성과를 낼 수 있을까? 어떤 조직 문화를 갖고 싶은가? 이를 위해서는 어떻게 해야 할까? 하지 말아야 할 것은 무엇일까? 조직 문화가 성과를 좌우한다. 하지만 보통 어려운 일이 아니다.

벨 연구소를
최고로 만든 것

무엇이 성과를 낼까? 우수한 개인이 있어야 한다. 이를 뒷받침할 수 있는 돈과 시스템도 필요하다. 가장 결정적인 건 조직 문화다. 조직 문화가 성과를 만든다. 그렇기 때문에 리더의 가장 큰 역할은 목표를 명확히 하고, 그 목표를 달성할 사람을 뽑고, 거기에 맞는 조직 문화를 만드는 것이다.

대표적인 조직이 벨 연구소다. 세상을 바꾼 스마트폰의 핵심은 반도체와 정보통신 기술인데 그 기술을 처음 만든 곳이 벨 연구소다. 벨 연구소가 보유한 특허 숫자는 3만 3,000개다. 배출한 노벨상 수상자만 13명이다. 항상 새롭게 도전하라는 알렉산더 그레이엄 벨의 정신에 따라 1925년 세

워졌고, 2005년에는 한국계 김종훈 사장이 최연소, 최초 외부인, 최초 동양인 사장으로 취임해 화제가 되기도 했다.

벨 연구소가 유명한 것은 그들의 성과 때문이다. 머빈 켈리는 최고의 연구소를 만들었다. 윌리엄 쇼클리, 월터 브래튼, 존 바딘은 트랜지스터를 만들어 노벨상을 수상했고 이것이 반도체로 이어진다. 천재 수학자 클로드 섀넌은 정보 이론과 비트 개념을 만들었다. 존 피어스는 통신위성을 발명해 전 세계를 하나로 만들었다. 모두 세상에 없는 것을 만들었다. 대단한 성과다. 무엇이 벨 연구소를 최고의 연구소로 만들었을까? 존 거트너의 《벨 연구소 이야기》에 그 해답이 제시되어 있다.

벨 연구소에는 독특한 문화가 있다. 엔지니어와 과학자를 차별하지 않는다. 과학자가 새로운 것을 발견하면 그것을 팔 수 있는 제품으로 만드는 것은 엔지니어의 몫이다. 뛰어난 아이디어를 많이 내는 것도 중요하지만 그것을 실제 사용 가능한 제품으로 만들어 성과를 내는 것이 중요하다. 프로세스도 중요하다. 벨 연구소의 대장 머빈 켈리는 발명에 이르는 과정을 프로세스화했다. 개인의 능력이 아닌 아이디어를 관리하는 시스템을 만들었고, 이 아이디어 관리 시스템이 벨 연구소의 지속적인 혁신을 이끈 것이다.

다음은 협업이다. 맨해튼 프로젝트, 레이더, 트랜지스터 등 혁신적 기술의 상당수는 협업의 산물이다. 공동의 목표와 상호 보완적 재능을 지닌 사람들이 고안한 아이디어와 발명이 어우러져 이런 기술 혁신을 이뤄낸 것이다. 복잡한 전화 시스템은 그 자체가 협동 작업이다. 한 가지만 잘해서는 작품을 만들 수 없다. 반도체의 등장도 그렇다. 재료 과학의 혁명, 화학 분야의 신기술, 반도체 성질을 띤 금속의 등장과 더불어 쇼클리 같은 천재 물리학자가 있었기 때문에 가능했다.

협업을 위해서는 물리적으로 가까운 것이 중요하다. 서로 가까운 위치에 있으면서 수시로 만나게끔 연구소를 설계했다. 예를 들어, 복도가 아주 길다. 오며 가며 만나게끔, 아이디어가 떠오르게끔 만든 것이다. 조직 구조도 중요하다. 벨 연구소는 3개 그룹이 있다. 첫째, 연구부다. 과학자 및 엔지니어들이 완전히 새로운 지식, 원칙, 물질, 방식, 기술의 저장소를 제공하는 곳이다. 둘째, 시스템 공학부인데 벨 연구소가 처음 만들었다. 새로운 지식과 기존 전화 시스템을 어떻게 통합할지를 고민하는 곳이다. 새로운 기술의 이용 가능성, 타당성, 필요성, 경제성을 따진다. 셋째, 새로운 장치, 스위치, 송수신 시스템을 개발하는 엔지니어들이다. 이론을 형상화하는 곳이다.

이들 부서 간의 일이 넘어가는 과정에 별다른 격식이 없다. 연구소는 하나의 살아 있는 생명체와 같다. 엔지니어들은 복도에서 혹은 점심 이후 각각의 문제에 대해 의논을 한다. 필요하면 새로운 프로젝트 팀에 들어갈 수도 있다. 궁금한 것이 있으면 수학자, 금속학자, 생물학자 같은 전문가를 직접 찾아가 질문을 할 수도 있다. 한마디로 부서 간 혹은 개인 간에 지적 교류가 활발하게 일어나도록 만든 것이다.

지적재산권의 중요성도 일찍부터 알았다. 처음 입사한 직원들에게 미래 자신이 발명한 것에 대한 특허를 벨 연구소에 양도하라는 요청을 했다. 서명의 대가로 빳빳한 1달러짜리 지폐를 한 장씩 받았다. 특허 출원 근거를 확실히 하기 위해 연구 노트를 지급해 실험 내용과 결과는 물론 미래를 위한 아이디어와 계획까지 기록했다. 그리고 가치가 있다고 생각되는 결과나 아이디어는 다른 엔지니어가 와서 확인한 뒤 서명하게 했다.

1962년 6월 10일 텔스타를 실은 로켓이 지상을 박차고 날아오른다. 발사 다음 날《뉴욕타임스》는 이런 기사를 실었다. "새뮤얼 모스가 발명한 전보 송신에 필적하는 통신 위업." 벨 연구소의 성과는 통신위성 텔스타 프로젝트의 성공으로 절정에 이른다. 텔스타는 발사 비용만 300만 달러에

500명의 연구진이 투입된 대형 프로젝트다. 위성 프로젝트를 위해 벨 연구소, 제트추진연구소, NASA, 그 밖의 여러 연구기관들이 기술적으로 협업을 했다. 지난 25년간 연구소에서 개발한 16가지 기술이 합쳐진 결과물이다. 미약한 신호를 증폭시키는 메이저, 노이즈 감소 회로, 3,600개의 전력 공급용 태양전지, 방사선 측정을 위한 트랜지스터와 다이오드가 그것이다.

탁월한 성과를 낸 연구원들은 대부분 개성이 뚜렷하다. 괴짜가 많다. 보통 조직에서는 살아남기 힘든 성향의 사람들이다. 하지만 이들을 잘 아우른 결과 최고의 성과를 낼 수 있었다. 조직의 생산성 핵심은 바로 조직 문화에 달려 있다.

5

생산성을 올리는
구체적인 방법

사실은 생존이
걸린 문제

가끔 아내를 따라 유니클로에 간다. 정말 파격적인 가격이라 별 부담 없이 원하는 물건을 마음껏 고를 수 있다. 백화점에서 파는 옷의 가격에 기죽었던 사람들은 괜찮은 품질과 상상할 수 없는 가격에 환호한다. 유니클로를 볼 때마다 어떻게 저 가격에 저런 물건을 만들 수 있을까란 의문점이 생긴다. 저 가격에 괜찮은 물건을 만들기 위해 얼마나 많은 노력을 했을까 하는 생각도 든다.

생산성은 하면 좋을 과제가 아니다. 생존을 위해 목숨을 걸어야 할 중요한 과제다. 요즘 같은 저성장 시대에는 생산성이 조직의 생존을 좌우할 수도 있다. 최근 사람들이 많이 따지는 가성비는 사실 생산성 지표다. 가성비를 위해서는 무엇보다 생산원가를 낮출 수 있어야 한다. 가격이 낮아지면 수요도 창출할 수 있다. 수많은 수요가 가격 때문에 숨어 있는 경우가 많다.

자동차가 대표적이다. 예전 자동차는 너무 비쌌다. 서민들 입장에선 언감생심 꿈꾸기 힘든 가격이었다. 이 장벽을 없앤 것이 바로 포드의 T 모델이다. 차를 세워놓고 사람들이 부품을 가지고 움직이는 배치batch식 생산에서 컨베이어 시스템으로 바꾸면서 획기적으로 가격을 낮추자 자동차가 보편화되었다. 수염을 기른 사람이 많은 인도에서 질레트가 성공을 거둔 것도 원가절감을 통한 가격 정책 덕분이었다. 처음 면도기는 가격이 5달러나 했다. 당시 일당이 1달러인 인도인에게는 상상도 할 수 없는 가격이었다. 근데 질레트는 이를 55센트에 팔았다. 질레트 면도날만을 사용할 수 있도록 디자인하고 면도날 가격을 5센트로 했는데 실제 면도날 하나의 원가는 1센트에 불과했다.

요즘 여행 수요가 폭증하고 있는데, 저가 항공으로 인해 비행기표가 저렴해진 것이 결정적 이유라고 생각한다. 저가 항공사의 원가절감 노력을 살펴보자. 세계 제일의 저가 항공사 라이언 에어는 2006년 세계 최초로 승객이 부치는 짐에

요금을 부과하기 시작했다. 처음에는 승객이 짐 하나에 3.5유로를 냈지만, 지금은 20킬로그램까지 비수기에는 25유로, 성수기에는 30유로를 지불해야 한다. 고객이 1년에 수백만 개의 짐을 부치므로 이 정책으로 라이언 에어는 수천만 유로의 추가 매출을 올리는 셈이다.

라이언 에어는 이 가격 정책을 다음과 같은 놀라운 메시지로 전달했다. "이제부터 짐을 부치지 않는 승객은 항공료를 약 9퍼센트 절약할 수 있습니다." 이런 말을 들으면 누구도 짐을 부치는 비용을 반대하기 어렵다. 강의 때문에 제주에 자주 가는 나 같은 승객은 생전 짐도 부치지 않고, 기내에서 주는 음료수도 마시지 않는다. 하지만 별 혜택이 없다. 만약 짐을 부치지 않는 사람에게 가격을 깎아주던지, 수속을 간편하게 해준다면 어떨까.

원가절감의 정확한 의미가 뭘까? 원가절감은 품질과 성능과 서비스의 질을 희생하지 않으면서 불필요한 낭비 요소를 제거하는 것이다. 고객이 느끼는 가치와 효용은 올리고 대신 불필요한 일을 하지 않는다. 설계를 통해 부품 숫자를 줄이는 것, 프로세스를 단축해 리드타임을 줄이는 것, 불필요한 동선을 없애는 것, 유통 구조를 획기적으로 바꿔 비용을 줄이는 것, 글로벌 소싱을 통해 구매 비용을 줄이는 것, 일인당 생산성을 제고하는 것 등 가치사슬 안에서 혁신을 통해 가치를 올리는 것이다. 용기를 작게 하거나, 과자의 숫자를 줄이거나, 진한 수프를 묽은 수프로 만드는 것은 원가절감이 아니라 고객을 속이는 행위다.

조직의 생존 여부를 판가름하는 생존부등식은 원가보다는 가격이 높아야 하고, 가격보다는 고객이 느끼는 가치가 커야 한다. 가격 대비 원가는 생산성의 이슈이고, 가격 대비 가치는 창의성의 영역이다. 생존부등식을 보면서 어떤 생각을 하는가? 생존을 위해서는 두 가지 방법밖에 없다. 원가를 낮추거나, 아니면 남들이 할 수 없는 차별화된 제품을 만들거나. 원가절감은 하면 좋은 일이 아닌 생존을 위한 필수조건이다.

자기만의 루틴을
만들어라

나는 《머니투데이》 권성희 기자의 글을 즐겨 읽는다. 솔직하면서도 잘 읽히기 때문이다. 2014년에 쓴 그녀의 글을 인용한다. 생산성이 높은 사람들에 관한 내용이다.

《노인과 바다》의 작가 어니스트 헤밍웨이는 매일 자신이 쓴 단어의 수를 기록할 정도로 글 쓰는 작업을 관리했다. 《보바리 부인》의 작가 귀스타브 플로베르는 "부르주아처럼 규칙적이고 정돈된 삶을 살아라. 그래야 격정적이고 독창적인 글을 쓸 수 있다"고 밝혔다. 장 폴 사르트르와의 계약 결혼으로 유명한 시몬 드 보부아르는 한때 그녀와 동거한 영화 제작자 클로드 란즈만이 이렇게 표현할 정도였다. "파티도 없었고 환영회도 없었다. 그 모든 것을 철저히 멀리했다. 반듯하게 정돈된 삶이었고 작업에 몰두할 수 있도록 짜인 단순한 삶이었다." 예술가라면 생활 계획표 같은 것은 세우지 않고 어떤 제한도 거부한 채 자유롭게 살아갈 것 같지만 작품을 위해 놀라운 자제력을 발휘한다는 공통점이 있다.

사교 생활을 상당 부분 포기한다는 점도 비슷하다. 미국 작가 토니 모리슨은 "중요한 것은 내가 다른 짓을 전혀 하지 않는다는 거다. 출판과 관련된 사교적인 삶조차 멀리한다"고 밝혔다. 무라카미 하루키도 매일 달리고 글 쓰는 규칙적인 생활 속에서 사교적인 삶을 포기했다. 그는 초대를 반복해 거절하면 누구나 불쾌하게 생각하지만 삶에서 더 중요한 관계는 독자와의 관계라고 말했다. 독자와의 관계를 위해 사교적인 삶을 포기하고 더 좋은 작품을 쓰는 데만 집중한다는 것이다. 영국의 평론가 V. S. 프리체트는 "조금만 깊이 파고들면 위대한 인물들은 한결같은 공통점이 있다. 그들은 쉬지 않고 공부하고 연구했다. 1분도 허투루 보내지 않았다. 우리처럼 평범한 사람을 낙담케 만드는 근면함이 있다." 반복 또 반복해야 한다.

생산성의 핵심은 규칙적인 생활이다. 작가는 물론 음악가도 그렇다. 대표 선수는 영화음악의 대가 히사이시 조다.

그는 17장이 넘는 솔로 앨범을 발표했고 〈이웃집 토토로〉, 〈원령공주〉, 〈센과 치히로의 행방불명〉 등 다수의 영화음악을 작곡했다. 그는 《감동을 만들 수 있습니까》라는 책에서 이렇게 말한다.

"프로란 계속해서 자신을 표현할 수 있는 사람이다. 일류와 이류의 차이는 자기 역량을 계속 유지할 수 있느냐 없느냐에 달려 있다. 어떤 상황에서도 집중력을 유지할 수 있어야 한다. 일관성이 있어야 한다. 어느 날은 괜찮고 어느 날은 그렇지 않다면 프로가 아니다. 그런 의미에서 기분에 자신을 맡기는 것은 위험하다. 순간적인 기분에 의존하면 연주가가 갖추어야 할 긴장감을 유지할 수 없다. 페이스 조절을 위해서는 일상생활을 그렇게 해야 한다. 최대한 규칙적이고 담담하게 살려고 노력해야 한다. 프로젝트를 받으면 납기 안에 완성하기 위해 매일 어느 정도 일을 할지 생각한다. 기분에 상관없이 꾸준히 일을 하지 않으면 납기를 지킬 수 없다. 장거리를 뛰기 위해서는 페이스를 무너뜨리지 말아야 한다. 일정한 페이스로 일에 집중할 수 있는 환경을 만들고 마음가짐도 갖추어야 한다." 보통 음악 하는 사람의 이미지와 달리 매우 규칙적으로 일을 해야 한다는 것이다.

나 역시 생활이 아주 심플하고 루틴하다. 2019년 1월을 생산성 관련 책을 쓰기 위한 달로 정했다. 연초라 강의도 적고 골프 칠 일도 없고 해서 아예 작심하고 일을 만들지 않고 그나마 있는 일도 최소한으로 줄였다. 거의 사람도 만나지 않았다. 그렇지 않아도 심플했는데 더 심플하게 됐다. 저녁 9시쯤 자서 새벽 3시에서 4시 사이에 일어난다. 자명종 없이 그냥 생체리듬에 의지해서 일어난다. 일어난 후 따뜻한 차를 한잔 마시면서 컴퓨터를 열어 이메일을 확인하고 글을 쓴다.

요즘은 앉으나 서나 생산성 생각뿐이다. 관련 책도 찾아 읽고, 읽었던 책도 정리하고, 걸을 때도 생각한다. 주로 생산성 관련 글만 쓰려고 노력했다. 지루할 때는 일본 역사에 관한 책을 읽는다. 그 덕분에 당시 보름 사이에 30개 정도의 생산성 관련 글을 썼다. 1월 안으로 초고를 완성할 수 있었다. 한 달에 책 한 권이라. 제법 괜찮은 생산성이다.

생산성의 핵심은 루틴이다. 나만의 규칙적인 리추얼이다. 생산성은 의지 대신 습관에 의지해야 한다. 마음보다는 몸이 가게끔 만들어야 한다. 글을 써야겠다고 생각하는 대신 나도 모르게 글을 쓰고 있는 자신을 발견할 수 있어야 한다. "하는 일에 대해 생각하는 힘을 길러서는 안 된다. 오히려 정반대여야 한다. 문명은 무엇을 하는지 생각하지 않고 행동할 때, 그리고 그런 횟수가 많아질 때 진보해왔다." 위대한 철학

최고의 생산성은 생산적으로
일하겠다고 의식하지 않은 채
나도 모르게 내가 정한 일을 꾸준히 하는 것이다.
생산성의 키워드는 단순화와 집중이다.
루틴은 그것을 실천하는 도구다.

자 화이트헤드의 말이다. 매 순간 무언가를 의식하고 행동하는 대신 나도 모르게 그 일을 하고 있어야 생산성을 올릴 수 있다는 말인데 너무 공감이 된다. 무언가를 의식해서 행동하면 에너지도 쓰이고 변수도 많이 생긴다. 또 생각은 늘 변덕스럽다. 기분에 따라 좌우된다. 난 이 말을 듣고 무주상보시無住相布施 라는 말이 연상됐다. 보시 중 최고의 보시는 내가 보시를 하고 있다는 의식을 하지 않은 채 보시하는 것이다.

생산성 역시 그러하다. 최고의 생산성은 생산적으로 일하겠다고 의식하지 않은 채 나도 모르게 내가 정한 일을 꾸준히 하는 것이다. 생산성의 키워드는 단순화와 집중이다. 루틴은 그것을 실천하는 도구다. 나만의 루틴을 만들어 지킬 수 있다면 개인도 조직도 생산성을 크게 올릴 수 있다.

신뢰가
생산성이다

내가 자동차 회사를 다닐 때 현장 부서장의 가장 큰 화두는 컨베이어 속도를 어떻게 올리느냐 하는 것이었다. 속도가 자동차 생산량을 결정하기 때문이다. 올리면 되지 않느냐고? 그렇게 간단한 문제가 아니다. 가장 큰 문제는 노조다. 빨라지면 노동 강도가 높아져 힘이 들기 때문에 반발이 심하다. 병목현상이 있는 공정의 개선도 중요하다. 고속도로에 정체 구간이 있듯 생산 공정에는 늘 막히는 공정이 있는데 그 문제를 해결해야 한다. 그게 없이 속도를 올리는 건 의미가 없다. 그 밖에 부품 조달 문제, 다른 부서와의 협조 문제 등 고려해야 할 대상과 일이 많다.

그럼에도 불구하고 생산성은 속도에 비례한다. 의사 결정이 됐건, 부품 조달이 됐건, 문서 작성이 됐건 생산성은 곧 속도다. 그런데 속도에 가장 크게 영향을 미치는 요소는 무얼까? 바로 신뢰다. 서로에 대한 믿음이다. 9·11 테러 이후 공항 검색이 길어졌다. 9·11 테러 전에는 이륙 30분 전 공항에 도착해도 충분했지만, 사건 이후에 미국 내 여행은 1시간 30분 전, 해외여행의 경우 2~3시간 전에 공항에 도착해야 탑승이 가능하다. 이처럼 신뢰가 떨어지면 속도는 느려지고 비용은 올라간다. 반대로 신뢰가 올라가면 속도가 빨라지고 비용이 줄어든다.

그렇다면 신뢰란 무엇일까? 신뢰에는 몇 가지 차원이 있다. 첫째, 자기 신뢰다. 스스로를 믿을 수 있고 믿을 만한 사람이 되어야 한다. 목표를 정하고 달성하는 능력, 약속을 지키는 능력, 말과 행동이 일치하는 능력이 그것이다. 가장 중요한 건 신뢰할 만한 사람이 되는 것이다. 둘째는 조직 신뢰다. 신뢰받는, 신뢰받을 수 있는 조직을 만드는 것이다. 핵심은 한방향정렬이다. 조직의 미션과 비전이 실제 구조 및 시스템과 한방향정렬이 되어야 한다. 쉽지 않다. 말과 실제가 따로 노는 경우가 허다하다. 셋째는 시장 신뢰다. 핵심은 평판이고 결과는 브랜드로 나타난다. 기업 브랜드는 고객, 투자자, 기업에 대한 신뢰를 반영한 것이다.

신뢰성의 핵심은 무엇일까? 첫째, 성실성이다. 2005년 로마에서 열린 이탈리아 마스터스 대회 3라운드에서 있었던 일이다. 테니스 챔피언 앤디 로딕과 스페인의 페르난도 베르다스코가 만났다. 경기의 마지막 매치포인트 순간 심판은 베르다스코의 두 번째 서브를 아웃이라고 선언했고, 로딕의 승리로 게임이 끝나는 순간이었다. 관중은 로딕에게 환호했고 베르다스코는 경기가 끝났다고 생각해 네트로 다가왔다.

하지만 로딕이 이의를 제기했다. 공이 선 안에 들어왔다고 말하고 주심이 볼 수 있도록 코트 위의 희미한 자국을 가리켰다. 놀란 주심은 로딕의 이의를 받아들여 판정을 번복했고 베르다스코에게 포인트가 주어졌다. 모두 깜짝 놀랐고, 이로 인해 로딕은 그 게임에서 진다. 그는 게임에선 졌지만 엄청난 걸 얻었다. 바로 신뢰다. 앞으로는 로딕이 하는 말을 모든 사람이 믿을 것이다. 그런데 신뢰의 기본은 성실성이다. 성실성은 말 한대로 행동하고 말과 행동 사이에 갭이 없는 것이다. 다른 것이 다 좋아도 성실성이 없으면 신뢰를 얻을 수 없다.

둘째, 의도다. 의도란 그렇게 하겠다는 생각이다. 진정한 관심에 따른 동기, 동기에서 파생된 의제, 그리고 두 요소의 결합으로 나온 결과물로서 행동을 의미한다. 신뢰받기 위해서는 의도가 순수해야 한다. 특히 재판에서는 의도가 매우 중요하다.

셋째, 능력이다. 신뢰를 받기 위해서는 역량이 있어야 한다. 영업하는 사람에게 인간성은 중요하다. 하지만 상품을 팔지 못한다면 아무런 소용이 없다. 능력은 TASKS로 요약할 수 있다. 재능Talents, 태도Attitude, 스킬Skills, 지식Knowledge, 스타일Style이 그것이다.

넷째, 성과다. 재능과 노력만으론 부족하다. 열심히 해도 결과가 없으면 소용이 없다. 신뢰를 증명하는 최선은 바로 성과다. 이를 위해 늘 '나는 어떤 실적을 올렸는가? 어떻게 이런 실적을 냈는가?'라는 질문을 던져야 한다. 성과는 신뢰를 높이는 최고의 무기다.

신뢰가 없으면 관리와 통제에 많은 비용을 쓰게 된다. 출퇴근 시간도 점검하고, 그가 일을 제대로 하고 있는지 여러 채널을 통해 확인할 수밖에 없다. 여기저기 CCTV를 설치해 일거수일투족을 지켜본다. 실제 일을 하는 것보다는 나중에 일이 잘못될 때를 대비해 증거를 남기는 일에 신경을 쓴다. 당연히 근거, 규정 등 쓸데없는 일에 에너지를 쓴다.

현재 여러분이 몸담고 있는 조직의 신뢰 정도는 어떤

가? 이로 인해 불필요하게 쓰는 시간과 비용은 어느 정도인가? 신뢰도를 높인다면 사라질 일들에 어떤 것들이 있는가? 신뢰도를 높이기 위해 어떤 노력을 하고 있는가? 생산성은 신뢰성의 향상에서 온다. 감사 부서가 힘을 쓰는 회사는 생산성이 떨어지는 회사다.

빠른 의사 결정이
생산성을 좌우한다

조직의 생산성은 명확하고 빠른 의사 결정과 관련이 깊다. 난 대기업 임원을 할 때 이를 절감했다. 결정을 미루는 상사 때문에 거의 일을 못하고 짧게는 며칠, 길게는 몇 달을 허송세월한 적도 있다. 결정을 해야 설계도 하고, 구매도 하고, 일을 시작할 것인데 결정을 미루고 있으니 직원들이 그냥 공회전을 하고 있는 격이다. 알고 보니 회장 눈치를 보기 때문이다. 회장이 무얼 원하는지 파악한 후 거기에 맞춰 방향을 정하고 싶은데 회장님 속내를 모르니 차일피일 뭉개고 있었던 것이다.

최악의 리더는 결정을 미루거나 자기 의견 없이 상사 눈치를 보는 사람이다. 그런 사람은 리더로서 자격이 없다. 생산성의 핵심은 빠르고 명확하고 올바른 의사 결정이다. 여기서 가장 중요한 건 타이밍이다. 제때 내린 틀린 결정이 늦게 내린 올바른 결정보다 낫다.

생산성은 빠른 의사 결정에 비례한다. 하든지 말든지 빨리 결정을 해야 한다. 결정을 미룬다는 건 그만큼 시간을 까먹는 것이다. 결정을 방해하는 장애 요인이 있는데, 그중 하나가 좀 더 많은 정보를 얻어 결정의 품질을 올리겠다는 욕심이다. 정보가 많을수록 의사 결정의 품질이 올라갈까? 결론부터 말하면 그렇지 않다. 1974년 심리학자 폴 슬로빅은 정보가 의사 결정에 영향을 미치는지 평가하는 실험을 했다. 유명 경마 도박꾼 8명을 참여시켜 경주 우승마를 정확하게 예측하는 실험이었다.

우선, 각 경주마에 대해 자신이 원하는 정보 5가지를 제공한다. 연륜, 작년 성적, 가장 빠를 때의 속도 등이다. 10마리 중 우승마를 맞출 확률은 10퍼센트 정도인데 5가지 정보를 가지고 예측하자 정확도는 17퍼센트로 올라갔다. 평균보다 조금 높은 수준이다. 2라운드 때는 10가지 정보를, 3라운드 때는 20가지 정보를, 마지막 4라운드 때는 40가지 정보를 제공하면서 정보 숫자를 늘렸다.

결과는 어땠을까? 정보가 늘어도 정확도는 17퍼센트 정도로 변하지 않았는데 자신감은 34퍼센트까지 올라갔다. 정확도가 아닌 자신감만 올라간 것이다. 당연히 거는 돈은 점점 커졌고 결국 많은 돈을 잃었다. 왜 그럴까? 확증 편향 때문이다. 많은 정보를 얻지만 자신에게 유리한 정보만 받아들인다. 상충되는 정보나 평가는 무시하거나 일축한다. 결론은 이렇다. 세상만사를 정확하게 파악하기에는 너무 복잡하다. 이해하려는 시도를 계속한다고 이해도가 높아지는 건 아니다.

결정을 내리는 데 필요한 모든 정보를 다 가질 수는 없다. 만약 그럴 수 있다면 그건 결정이 아니라 필연적 결론이다. "지도자는 잘된 결정을 내리는 게 제일 좋고, 잘못된 결정을 내리는 게 그다음이고, 결정을 내리지 않는 게 가장 나쁘다." 미국 대통령 해리 트루먼의 얘기다. 그는 어려운 결정을 많이 한 사람이다. 원자폭탄을 투하한 것, 맥아더를 해임한 것, 중공군 개입으로 후퇴를 결정한 것, 마셜플랜으로 전쟁 후 유럽을 돕기로 한 것……. 하나같이 중차대한 결정들이다. 그가 위대한 리더로 기억되는 것은 위대한 결단 때문이다.

완벽한 결정은 있을 수 없다. 70퍼센트의 정보와 30퍼센트의 직관력이면 결정의 황금 비율이다. 정보가 50퍼센트만 넘어도 나쁘지 않다. 모든 것이 확실해질 때쯤이면 이미 상황이 종료되었을 가능성이 높다. 그래서 결정에는 용기가 필요하다. 이 정도면 되었다 싶을 때 저질러야 한다.

빠른 의사 결정의 대표 선수는 아마존의 제프 베이조스다. 아마존의 엄청난 성장은 빠른 의사 결정 덕분이다. 그는 다음과 같이 조언한다. 많은 기업들이 훌륭한 의사 결정을 한다. 문제는 좋은 의사 결정을 너무 늦게 한다는 것이다. 현재와 같은 경영 환경에서 질이 높지만 뒤늦은 의사 결정은 소용없다. 빠르고 질 높은 의사 결정이 필요하다. 이를 위한 세 가지 원칙이 있다.

첫째, 한번 내린 결정이 끝이라고 생각하지 않는 것이다. 리더의 결정은 번복할 수 있다. 이를 위해 결정을 두 가지로 구분한다. 번복할 수 없는 것과 번복 가능한 것이다. 번복할 수 없는 결정은 신중해야 한다. 번복할 수 있는 건 일단 결정하고 상황을 보면서 번복하면 되는데 후자의 경우 24시간 내에 결정하는 걸 원칙으로 한다.

둘째, 정보가 70퍼센트 정도 확보되면 의사 결정을 한다. 정보를 더 많이 모으려다 의사 결정 타이밍을 놓칠 가능성이 높다. 변화 속도가 빠를 때는 정보 수집 과정에서 얻은 예전 정보는 무용지물이 될 가능성이 높다. 통찰력과 단호함이 필요하다.

셋째, 의사 결정에 너무 많은 에너지를 쓰지 않는다. 논의에 논의를 거듭해도 의견 일치를 볼 수 없을 때는 도박하듯 일단 한번 해보는 것이다. 의견 일치를 볼 때까지 기다리기 전에 일단 작게 한번 시작해야 한다. 한국에서는 현대카드가 빠른 의사 결정으로 유명하다. 실무자가 제안하면 별일이 아닌 한 24시간 내에 결정하는 걸 원칙으로 한다고 한다. 만약 하루가 지나도 온라인 결재를 하지 않으면 감사실에서 '무슨 일이 있냐면서' 연락이 온다고 한다.

그런 면에서 국회에서 몇 년간 안건 처리를 하지 않는 건 최악의 직무 유기에 해당한다. 결정을 하지 않는다는 건 하지 않겠다, 귀찮다, 문제에 직면하기 싫어 미루겠다는 것의 다른 표현이다. 비겁하고 치사한 행위다. 결정을 미루는 리더가 최악의 리더다.

반도체와
새만금

가끔 그런 생각을 한다. 이병철 회장이 반도체 사업 진출이라는 결정을 하지 않았다면 현재 한국은 어떨까? 정주영 회장이 자동차 산업에 뛰어들지 않았다면 어떻게 달라졌을까? 지금 우리가 이만큼 사는 건 그들의 탁월한 결정 덕분이다. 아니, 결정이라기보다는 결단이다.

그렇게 난리를 치면서 개발한 새만금에 파리가 날리는 걸 보면서도 비슷한 생각을 한다. 누가 이런 결정을 했을까, 당사자는 의사 결정을 할 때 무엇을 놓쳤을까, 만약 세월을 되돌릴 수 있다면 어떤 결정을 할까라는 생각도 한다. 또 원자력발전소 문제 같은 걸 볼 때도 어떤 프로세스를 거쳐야 할까, 지금의 결정 결과를 언제쯤 알 수 있을까, 만약 중간에라도 이상하면 번복하는 게 답일까, 아니면 계속 고집하는 게 답일까라는 생각도 한다.

일을 잘한다는 건 올바른 일을 올바른 방법으로 하는 것인데 올바른 방법보다는 올바른 일인지 아닌지가 몇 배는 더 중요하다. 그걸 결정하는 것이 바로 의사 결정이다. 결국 생산성은 많은 부분 좋은 의사 결정의 결과물이다. 제대로 의사 결정을 하면 추진 방법이 다소 잘못되어도 큰 지장이 없다. 반대로 엉뚱한 일, 하지 말아야 할 일, 돌이킬 수 없는 일을 효율적으로 하는 건 아무런 의미가 없다. 멍청한 리더가 부지런하면 모두가 힘들 듯, 잘못된 일을 빨리 밀어붙이면 그 자체로 재앙이다. 생산성을 위해서는 효과적으로 의사 결정을 할 수 있어야 한다. 이에 관해서는 피터 드러커의 조언이 들을 만하다. 간단하게 요약하면 이렇다.

첫째, 문제 성격을 분류해야 한다. 여러 종류가 있다. 일반적인 문제, 특별해 보이지만 일반적인 문제, 특정 기업에 생긴 특별한 문제, 특별하게 보이는 문제 등이 그것이다. 둘째, 문제를 정확하게 정의해야 한다. 완벽하게 파헤쳐진 문제는 반은 해결된 거나 마찬가지다. 1960년대는 자동차 사고가 많았다. 사람들은 문제 원인을 도로와 운전자로 봤고 상대적

생산성은 많은 부분
좋은 의사 결정의 결과물이다.
제대로 의사 결정을 하면 추진 방법이
다소 잘못되어도 큰 지장이 없다.
반대로 엉뚱한 일, 하지 말아야 할 일,
돌이킬 수 없는 일을 효율적으로 하는 건
아무런 의미가 없다.

으로 안전장치에는 무관심했다. 도로를 고치고, 운전자 교육을 했지만 문제는 해결되지 않았다. 알고 보니 자동차 자체의 문제가 가장 큰 문제였다.

셋째, 세부 내용을 결정해야 한다. 의사 결정의 목적이 무엇인지? 최소한의 목표는 어떤 것인지? 어떤 조건을 만족시켜야 하는지? 넷째, 무엇이 옳은지 깊이 생각해야 한다. 저항에 신경 쓰는 대신 필요조건을 충분히 만족시켜줄 해결책을 검토해야 한다. 그렇지 않으면 의사 결정은 누더기가 된다. 다섯째, 실행 방안을 정해야 한다. 누가 무엇을 할 것인지, 가장 시간이 많이 걸리는 부분은 어디인지, 이 결정을 알아야 할 사람은 누구인지, 누가 어떤 행동을 해야 하는지, 실행을 위해 그 사람에게 어떤 것을 지원해야 하는가라는 질문을 생각하고 답할 수 있어야 한다.

여섯째, 의사 결정의 결과를 평가할 방법을 미리 생각해야 한다. 지금의 의사 결정이 잘됐는지 그렇지 않은지를 무엇으로 평가할 것인지, 언제쯤 그 결과를 알 수 있는지 미리 정해야 한다. 대부분은 결정 때까지는 열띤 토론을 하지만 결과와 그 결과에 대한 평가에는 별로 신경 쓰지 않는다. 그러면 곤란하다. 늘 사전에 피드백 메커니즘을 만들고 의사 결정을 되돌아봐야 한다. 그래야 실력이 는다.

난 여기에 세 가지를 덧붙이고 싶다. 첫째, 의사 결정 구조를 명확히 해야 한다. 대부분의 조직은 그렇지 않다. 누가 의사 결정을 하는지 애매모호하다. 겉으로는 사장이 결정을 하는 것 같지만 사실은 그 위에 회장님이 결정한다. 회장 얘기를 들어보면, 자신은 모든 권한을 넘겼다고 얘기하지만 사장을 포함한 직원들의 생각은 다르다. 그래서는 안 된다. 솔직해야 한다. 자신이 결정한다고 선언하면 된다. 뻔히 본인이 결정했고, 결정하고 싶으면서 왜 딴소리를 하는가? 별로 좋지 않다. 이렇게 되면 생산성은 확 떨어진다. 뭐든 확실하게 해야 한다. 누가 결정할 것인지, 결정에 대한 책임을 누가 질 것인지 명확히 해야 한다. 핵심은 의사 결정 구조의 명확함이다. 결정한 사람이 책임을 지게 하는 것이다.

둘째, 결정하는 훈련을 해야 한다. 요즘은 의사 결정 장애를 가진 사람들이 많다. 의사 결정이란 본질적으로 불확실한 미래에 대해 결단하는 것이다. 리스크가 있을 수밖에 없다. 위험을 무릅쓰고 결정하는 훈련을 해야 한다.

셋째, 때로는 변덕도 필요하다. 아니다 싶으면 실행하면서 뒤집을 수 있어야 한다. 스티브 잡스는 변덕스런 리더로 유명하다. 그는 한 가지 입장이나 관점에 얽매이지 않았다. 큰 원칙 안에서 결정하고 진행 과정에서 잘못이라 판단되면

지체 없이 뒤집었다. 사실 뒤집는 데는 용기가 필요하다. 자신의 판단이 잘못됐다는 걸 인정해야 하기 때문이다. 변덕은 아무나 부릴 수 없다. 리더는 신속하게 판단하고 결정하며 상황 변화에 따라 수정하는 태도가 필요하다. 불확실한 상황에서도 결정할 수 있는 배포, 잘못됐을 때 곧장 수정할 줄 아는 용기가 필요하다.

오래 일하는 것과
일을 잘하는 것

중학교 다닐 때의 일이다. 나도 공부는 제법 했지만 난공불락으로 불린 친구가 하나 있었다. 학교에서 그 친구는 독보적인 존재였고 압도적 우위를 갖고 있었다. 나는 어떻게 해서든 그 친구를 한번 이겨보고 싶어 중간고사 때 작심하고 공부를 했다. 시험 전날, 밤을 새워 공부하기로 결심하고 친구까지 끌어들였다. 외울 게 많은 시험이라 한잠도 자지 않고 공부했고 새벽에 잠시 졸았다.

　학교를 가는 내내 제정신이 아니었다. 혼미하고 몽롱했다. 친구들도 내가 이상했는지 괜찮은지 물어봤다. 괜찮지 않았지만 괜찮다고 했다. 시험지를 받고 답을 적는데 뻔한 것도 기억나지 않고 아무것도 생각할 수 없었다. 살면서 그렇게 머리가 땅한 경험은 처음이었다. 비몽사몽 시험을 봤고 뻔한 문제도 놓치고 요즘 말로 '폭망'하고 말았다. 세상에서 가장 멍청한 일은 밤을 새우면서 공부하고, 밤을 새우면서 일하는 것이다. 오래 공부하는 것과 공부 잘하는 것은 상관이 없다. 서울대 수석 입학자들이 늘 하는 말이 있다. 학원은 다닌 적 없고, 복습과 예습을 철저히 하고, 늘 8시간은 잤다는 말이다. 사람들은 의례적인 얘기라고 생각하지만, 다른 건 몰라도 충분한 수면은 분명하다는 게 내 생각이다.

일도 그렇다. 내가 다니던 대기업은 늦게까지 일하는 걸 미덕으로 생각해 상사는 늘 누구누구 방은 늦게까지 불이 꺼지지 않았다는 걸 공공연히 말했다. 발표자 또한 어제 새벽 두 시까지 만든 자료라는 걸 얘기했다. 난 속으로 '바보 아니야, 어떻게 저렇게 후진 내용의 자료를 두 시까지 만들고 있어'라며 조롱했다. 정말 오래 일하는 것과 스마트하게 일하는 건 아무 상관이 없다.

인간은 오래 집중할 수 없다. 하루에 고작 서너 시간만 집중할 수 있을 뿐이다. 가끔 예외적으로 오랜 시간 몰입하는 경우가 있긴 하지만 그런 일은 자주 일어나지 않는다. 그 사실을 인정하고 받아들여야 한다. 대신 그 시간을 최대한 활용하고 아껴 써야 한다. 글을 쓰는 지금도 난 집중의 시간이 자꾸 줄어들고 있다는 사실을 인지하고 그 안에 최대한 집중해 글을 쓰려고 노력한다. 방해 요인을 없애고, 어떻게 하면 집중력을 높일 수 있을지 고민한다. 그 결과 찾아낸 몇 가지 방안이 있다.

첫째, 차를 마시는 것이다. 따뜻한 차를 마시면 속이 따뜻해지면서 기분이 좋아진다. 따뜻한 차 없는 아침을 생각할 수 없다. 둘째, 음악이다. 조용한 곳에서 글을 쓰는 것과 음악을 들으며 글을 쓰는 것은 다르다. 내겐 앙드레 가뇽의 연주곡이 잘 맞는다. 음악이 뇌에 좋은 작용을 하는 것 같다. 다른 음악도 시도를 해봤는데 자꾸 귀에 거슬린다. 음악을 의식하게 된다. 셋째, 조명이다. 난 전체 방을 환하게 밝히는 것보다 스탠드 조명만 켜는 게 집중에 도움이 된다.

크리스 베일리가 쓴 《그들이 어떻게 해내는지 나는 안다》라는 책이 있다. 그는 젊어서부터 생산성이라는 화두에 꽂혀 직장도 포기하고 수년간 자신을 대상으로 한 생산성 관련 실험 결과를 책으로 썼다. 간단하게 소개하면 다음과 같다. 가장 가치 있는 일이 뭔지를 알고 거기에 집중하라. 이것저것 하는 대신 하루에 딱 세 가지 일만 하고 생물학적 황금 시간대를 활용하라. 마음의 고요를 찾아라. 마음 챙김과 명상으로 주의력 근육을 단련하라. 운동, 식습관 개선, 수면 습관 개선으로 에너지를 충전하라. 그중 하나는 오래 일하지 말라는 것이다. 나인 투 파이브에서 벗어나 주 20시간 일하고 행복하게 살라는 것이다.

특별히 새로운 사실은 없지만 다음은 흥미롭다. 미친 듯이 일할 때와 느긋하게 일할 때 생산성에 어떤 차이가 있는지 알아보기 위해 그는 4주에 걸쳐 격주로 90시간 일하기와 20시간 일하기를 반복하며 각각의 성과를 비교했다. 결과는 주 90시간 일했을 때와 주 20시간 일했을 때 성과에 큰 차이가 없었다. 오히려 주 90시간 일했을 때는 일을 미루게 되거나 집중력이 떨어져 실수가 늘었다. 반면에 주 20시간 일했을 때는 제한된 시간에 더 많은 에너지와 집중력을 발휘할 수 있었다. 모든 일을 처리하고 에너지와 집중력을 보충하는 데 필요한 휴식 시간을 고려할 때 이상적인 주간 근무 시간은 35~40시간인 것 같다.

시간에 비해 할 일이 많으면 으레 더 오래 일하는 것을 최선의 방법이라고 생각한다. 하지만 어느 한계를 넘어서면 바쁘기만 할 뿐 쓸모없는 일에 매달리게 된다. 중요한 일을 할 때는 업무에 투입하는 시간을 제한하고 에너지와 집중력을 높이는 것이 생산성을 키우는 비결이다. 수개월 동안 장시

근무시간을 늘리는 대신
집중력을 높여야 한다.
할 일과 하지 말아야 할 일을 구분하고,
에너지 레벨을 높여야 한다.
시간을 쪼개 운동하고,
수면 습관을 바꾸고, 명상을 하라.
시간의 양 대신 밀도를 높여라.

간 일하거나 어떤 업무에 지나치게 많은 시간을 소모하고 있다면 이는 에너지와 집중력을 현명하게 사용하지 못하고 있다는 것이다.

오래 일하는 것이 최선이 아니다. 오히려 투입 시간을 제한하고 에너지와 집중력을 높여 같은 시간에 많은 일을 해내는 것이 효과적이다. 일이 많아 잔업을 한다고, 일 때문에 주말에도 회사엘 나갈 수밖에 없다고, 일에 치여 가정을 돌볼 수 없다고? 난 동의하지 않는다.

근무시간을 늘리는 대신 집중력을 높여야 한다. 할 일과 하지 말아야 할 일을 구분하고, 에너지 레벨을 높여야 한다. 시간을 쪼개 운동하고, 수면 습관을 바꾸고, 명상을 하라. 시간의 양 대신 밀도를 높여라. 내가 생각하는 생산성을 높이는 방법이다. 누구나 알고 있지만 별로 실천하는 사람은 없다.

맥도날드는 햄버거로
돈을 벌지 않는다

얼마 전 〈더 파운더The Founder〉라는 영화를 봤다. 맥도날드란 회사가 어떻게 만들어졌는지 그 생생한 역사를 그린 영화다. 줄거리는 간단하다. 주인공 레이 크록은 밀크셰이크 기계를 파는 영업 사원이다. 전국을 누비며 그 일을 한다.

어느 날 서부에서 무려 6개나 기계 주문이 들어왔다. 뭔가 이상한 낌새를 느낀 그는 실제 그 음식점엘 가봤다. 햄버거 가게인데 수많은 사람들이 줄을 서 있다. 호기심에 그도 줄을 서서 햄버거를 주문했다. 돈을 내자마자 바로 햄버거를 준다. 이제까지 주문 후 늘 10분 이상을 기다렸던 그에게는 신기한 일이었다. 나중에 맥도날드 형제가 가게를 구경시켜

주며 30초 시스템을 설명한다. 빠른 시간 안에 주문을 처리할 수 있게끔 시스템을 만들었고 덕분에 사람들이 환호하고 있다는 것이다.

순간 그는 이게 엄청난 일임을 눈치챈다. 이를 프랜차이즈로 하면 대박이란 생각을 하고 맥도날드 형제와 계약을 맺고 맥도날드를 확산시키기 시작한다. 그런데 이상하게 장사는 잘되는데 현금이 돌지 않아 고전한다. 그때 어떤 귀인이 나타나 이런 질문을 던진다. "프랜차이즈를 12개나 만들었는데 돈이 부족하다는 건 뭔가 문제가 있다는 것이다. 당신은 이 업의 본질을 무엇이라고 생각하는가? 무엇으로 돈을 벌어야 한다고 생각하는가?" 레이 크록은 햄버거 1개당 매출의 10퍼센트를 받는 게 수익이라고 답한다. 그 사람은 이렇게 말한다. "이 업의 본질은 부동산이다. 부동산을 구입해 프랜차이즈를 내고 임대료를 받고 그걸로 프랜차이즈를 통제해야 한다."

이후 그는 방향을 완전히 바꾼다. 맥도날드부동산이란 회사를 만들어 가격이 오를 만한 곳에 부동산을 사고 거기에 가게를 오픈한다. 덕분에 갑부가 된다. 현재 세계에서 가장 많은 부동산을 가진 회사는 맥도날드다. 보통 사람들은 맥도날드가 햄버거를 팔아 돈을 번다고 생각하지만 실은 그렇지 않다. 그들 업의 본질은 부동산이다.

생산성의 핵심 중 핵심은 방향성이다. 방향성이란 업의 본질을 말한다. 도대체 우리가 하는 일의 본질이 뭐냐는 것이다. 참 중요하지만 어려운 질문이다. 업의 본질을 잘못 알면 열심히 일하지만 남는 게 없다. 애는 쓰지만 애쓴 결과를 얻지 못한다. 반면에 업의 본질을 알면 쓸데없는 곳에 에너지를 쓰지 않고 영양가 있는 일에만 집중할 수 있다. 적은 노력으로 큰 성과를 거둘 수 있다. 생산성이란 하지 말아야 할 일을 하지 않고 정말 해야 할 일에 에너지를 쓰는 것이다.

장사가 안 된다는 서점도 내가 보기엔 업의 본질에 대한 고민이 적기 때문이다. 사람들이 왜 서점에 올까? 책을 사러 온다? 물론 맞다. 그런데 왜 책을 사러 올까? 뭔가 나름의 고민과 관심이 있기 때문이다. 각자 가진 문제에 대한 해결 방법을 찾기 위해서다. 현재 서점은 어떤가? 고민을 가진 사람들이 서점에 와서 과연 자기 고민을 해결할 수 있을까? 거의 불가능에 가깝다. 생전 책을 사지 않던 사람들이 수많은 책 중에서 어떻게 자신에게 맞는 책을 찾을 수 있을까? 나같이 책 보는 게 직업인 사람도 어려운데 일반인이 그걸 찾으면 기적이다. 대충 둘러보고 베스트셀러 위주로 한두 권 구입한다. 실망하거나 좌절할 가능성이 높다. 그럼 다시는 서점을 찾지 않을 것이다. 그런 사람들의 실망이 쌓이고 쌓여 책 안 읽는 대한민국이 된 것이다.

한국인이 책을 읽지 않는다고 하는데 거기에는 출판사와 서점의 책임도 적지 않다. 만약 약방처럼 서점을 꾸밀 수 있다면 어떨까? 서점 주인이 약사처럼 웬만한 고민에 대한 처방을 하고, 그에 맞는 책을 몇 권 추천하여, 그중 하나를 고객이 살 수 있다면 어떨까? 서점의 본질은 큐레이션이다. 좋은 책을 추천해 고객으로 하여금 자신에게 맞는 책을 사게 만드는 것이다. 실제 영국의 체인워터스톤스라는 서점은 적자를 보다가 큐레이션을 중시하는 사장을 영입한 후 흑자로 돌아섰다. 내가 하고 싶은 일 중 하나도 서점에서 약사처럼 일하는 것이다.

생산성의 출발은 업을 재정의하는 것이다. 내가 추구하는 방향이 맞는지를 재점검하는 것이다. 엉뚱한 일에 애써봤자 힘만 빠질 뿐이다.

방탄소년단을
키운 것

태생적으로 나는 간섭받는 걸 싫어한다. 당연히 간섭하는 것도 좋아하지 않는다. 대표적인 것이 애들의 귀가 시간이다. 난 한 번도 늦게 귀가하는 딸들을 기다린 적이 없다. 잔소리한 적도 없다. 이유는 여러 가지다.

첫째, 내가 기다린다고 상황이 변하는 건 없다. 늦게 올 딸이 일찍 오는 것도 아니다. 잠자는 내 시간만 줄어들 뿐이다. 둘째, 딸들이 고마워하지 않는다. 오히려 늦게 오는 딸들에게 잔소리를 하면서 관계가 틀어질 확률이 높다. 셋째, 잔소리를 한다고 달라지는 것도 없다. 내 말을 듣는다고 그들 행동이 달라지진 않는다. 성인인 딸들은 알아서 행동하고 그에 대해 책임을 지면 된다. 내가 아직까지 딸들과 좋은 관계를 유지하는 이유 중 하나는 무간섭, 잔소리가 없는 덕분일 것이다.

난 조직도 이와 비슷하다고 생각한다. 경영자들은 직원을 아이 취급한다. 늘 관리하고 통제하고 할 일과 하지 말아야 할 일을 일일이 정해줘야 한다고 생각한다. 애 취급을 받은 직원은 당연히 애처럼 행동한다. 직원을 믿지 못하면 직원들은 거기에 맞춰 행동한다. 과연 그 방법이 옳을까? 직원들의 생산성을 높이는 최선의 방법은 뭘까? 그들을 애 취급하지 말고 어른으로 인정해야 한다. 지시하고 통제하는 대신 알아서 하게끔 만들어야 한다. 내 생각을 강요하지 말고 그들이 자발적으로 아이디어를 내고 이를 실행하게끔 해야 한다. 간섭을 최소화하고 자율성을 보장해야 한다. 그러면 직원들은 어른처럼 행동하면서 성과로 보상할 것이다.

자율성으로 성공한 대표적 조직이 방탄소년단이다. 김남국의《BTS Insight, 잘함과 진심》이라는 책은 방탄소년단의 5무를 얘기한다. 다섯 가지가 없이 성공했다는 것이다. 첫째, 글로벌 전략 없이 진출했다. 둘째, 로컬화 전략 없이 성공했다. 나라마다 문화가 다른데 이들은 한국어로 쓴 가사를 내세우고 한국어로 활동하고 소통하면서 성공했다. 셋째, 백그

라운드 없이 성공했다. 이들은 대형 기획사 소속의 브랜드 파워나 홍보가 없었다. 넷째, 대중매체의 혜택 없이 성공했다. 회사 지원이 없어 지상파 예능 출연 등이 힘들었지만 자체 콘텐츠로 극복했다. 다섯째, 정형화된 아이돌 전략 없이 성공했다. 그런데 어떻게 이들이 성공했을까?

방탄소년단의 성공은 자율성의 승리다. 관리와 통제 대신 알아서 하도록 한 것이다. 이들은 주어진 음악만을 노래하지 않았다. 자신이 노래를 만들기도 했고, 음악을 만드는 데 깊이 관여하기도 했다. 비트를 들려주며 여기에 어떤 메시지를 담고 싶은지 계속 물었다. 핵심 콘셉트를 정하는 과정에도 참여했다. 작사 작곡 경험이 전혀 없는 멤버들에게도 비트를 만들고 가사를 쓰도록 유도했다. 가사를 써오면 작곡가 피독이 피드백을 해주고 개선을 요청했고 이런 과정을 반복하면서 멤버들 역량을 키웠다. 정규 앨범에 수록된 곡 대부분은 이런 집단 창작의 결과물이다. 스케줄 관리도 일방적으로 정하지 않는다. 이들과 협의해서 정한다. 꽉 짜인 스케줄에 따라 엄격하게 움직이는 기존 아이돌과는 많이 다르다.

이병주의 《촉, 미세한 변화를 감지하는 동물적 감각》이라는 책을 보면 자발성으로 성공한 대표 기업 중 하나로 셈코Semco라는 회사가 나온다. 이들은 스스로 결정하고 계획하고 일한다. 자유롭게 출퇴근하고 스스로 업무 계획을 세운다. 규칙도 계급도 없다. 신입 사원도 회사의 기밀 정보를 열람할 수 있고 전 직원의 투표로 의사 결정을 한다. CEO가 10년째 의사 결정을 하지 않는다. 사업 영역도 정의할 수 없다. 그만큼 다양한 일을 한다. 선박용 펌프, 공업용 믹서, 믹싱 설비 같은 제조업을 한다. 병원, 공항, 호텔, 공장 등 시설 관리 일도 한다. 환경 사업 컨설팅도 한다. 인터넷과 벤처 사업도 한다. 인력 아웃소싱 회사도 갖고 있다. 재고관리도 대행한다.

이렇게 다양한 사업을 하는 이유는 간단하다. 직원들의 아이디어를 그대로 사업화했기 때문이다. 냉각탑을 팔다 운영비가 너무 많이 든다는 빌딩 소유주들의 불평을 듣고 냉각탑 운영 비즈니스를 시작했다. 매우 성공적이었다. 그러다 에어컨을 관리해달라고 해서 그렇게 했다. 급기야 빌딩 관리까지 맡게 된다. 직원들이 자발적으로 판단하고 움직였기 때문에 가능하다.

이렇게 하면 방만하지 않을까? 셈코만의 비결이 있다. 경영진은 관리하지 않지만 동료들끼리 통제한다. 동료에 의한 통제 유지를 위해 셈코는 일정 수준 이상으로 키우지 않는다. 300명이 넘으면 나눈다. 또 6개월마다 익명으로 설문 조사를 한다. 경영진이 아니라 동료들끼리 서로 조언하고 관리한다.

자율성을 위해 가장 중요한 것은 무엇일까? 바로 채용이다. 잘 뽑아야 한다. 인격적으로 성숙한 사람을 뽑아야 한다. 그게 가장 중요하다. 인격적으로 괜찮으면 믿고 맡겨도 문제가 되지 않는다. 인격적으로 문제가 있으면 철저하게 관리해도 문제가 생긴다. 아무리 재능이 뛰어나도 인격적으로 문제가 있으면 방탄소년단은 될 수 없다. 그만큼 방시혁은 인격적인 부분에 신경을 썼다.

자율성을 중시하는 넷플릭스도 비슷하다. 97퍼센트의 사람들은 알아서 자율적으로 일을 잘한다. 쓸데없이 간섭하고 통제할 필요가 없다. 다만 3퍼센트의 문제 있는 사람들이 있는데 이들은 퇴직금을 넉넉하게 주어 내보내면 된다는 것이다. 자율을 위해서는 정보가 있어야 한다. 정보가 있어야 자율이 생기고 자율이 있어야 자유롭게 선택할 수 있고 책임감도 생긴다. 남이 시킨 일을 하면서 책임감을 갖기는 어렵다. 이들이 정보를 오픈하는 이유다. 투명성을 강조하는 이유다. 넷플릭스의 리더 헤이스팅스의 생각이다.

여기서 자율은 그냥 자기 맘대로 하는 게 아니다. 하버드대 란제이 굴라티 교수가 얘기한 프레임 내 자율freedom within a framework을 의미한다. 말 그대로 일정 프레임을 정해놓

252 \ 253

고 그 안에서 마음대로 하라는 것이다. 그럼 생산성이 올라간다. 프레임워크는 조직이 추구하는 방향성이다. 왜 일을 하는지, 일할 때의 원칙이다. 한마디로 벗어나면 안 되는 아웃라인이다. 명확한 방향성 없이 그때그때 경영진이 하라는 걸 하는 조직과, 확실한 가이드라인 안에서 직원들이 알아서 움직이는 조직 중에서 어디가 더 생산성이 높을까? 어떤 조직에서 일하고 싶을까? 생산성은 직원들이 가진 잠재력을 마음대로 펼칠 수 있게 만드는 기술이다. 아니, 그건 예술이다.

지시하고 통제하는 대신
알아서 하게끔 만들어야 한다.
내 생각을 강요하지 말고 그들이 자발적으로
아이디어를 내고 이를 실행하게끔 해야 한다.
간섭을 최소화하고 자율성을 보장해야 한다.
그러면 직원들은 어른처럼 행동하면서
성과로 보상할 것이다.

은행의 파업이
보여준 것

보통 생산성 하면 일을 효과적으로 하는 것을 연상한다. 맞다. 하지만 그 전에 고려해야 할 사항이 있다. 이 일이 과연 영양가 있는 일인지, 할 만한 가치가 있는 일인지 생각하는 것이다. 특히 조직이 그러하다. 이를 확인하기 위한 질문이 있다. '우리 조직은 왜 존재하는가?'라는 질문을 던져보면 알 수 있다. 답하기 쉽지 않다. 마치 '난 왜 존재하는가? 삶이란 무엇인가?'라는 질문같이 추상적이고 관념적이다.

그럴 때는 '우리 조직이 사라지면 어떤 일이 벌어지는가? 우리 조직이 없어지면 누가 가장 곤란하고 아쉬워할까? 혹시 우리가 사라지면 고객들이 더 좋아하는 건 아닐까?'로 질문을 바꾸면 답하기가 좀 낫다. 청소하는 사람, 쓰레기를 수거하는 사람 같은 경우는 누구나 존재의 가치를 느낀다. 그들이 며칠만 일을 하지 않으면 완전 난장판이 되기 때문이다. 그들은 꼭 필요한 존재다.

반면, 그렇지 않은 조직도 있다. 얼마 전 모 은행에서 수천 명의 직원이 하루 동안 파업을 했다. 그런데 사람들의 반응이 흥미로웠다. '불편했다, 연봉을 그렇게 많이 받는 사람들이 무슨 파업이냐'는 반응보다 '파업했느냐? 파업하는 줄 몰랐다'는 반응이 훨씬 많았다. 그들은 파업을 함으로써 자신들이 어떤 존재인지를 세상에 널리 알린 격이다. 그들이 없어도 별 불편함이 없다는 걸 증명한 셈이다. 만약 조직의 존재를 알리고 싶다면 파업을 해보면 된다. 하루 이틀이 아니라 몇 달씩 일을 하지 않는 것이다.

'우리 조직은 왜 존재하는가?'라는 질문은 곧 '고객이 누구인가?'를 묻는 질문이다. 우리가 누굴 위해 일하고, 그들에게 어떤 가치를 제공하느냐는 질문이다. 세상 모든 사람들이 꼭 물어야 하고, 반드시 답을 해야 하는 질문이다. 누구도 여기서 자유로울 수는 없다.

강의를 하고 자문을 하고 책을 쓰는 나는 누구보다 고객의 중요성을 실감할 수밖에 없다. 강의는 내가 하고 싶다고 할 수 있는 게 아니다. 그들이 나를 불러줘야 한다. 책도 그렇다. 내가 아무리 많은 글을 쓰고, 책을 내도 독자들이 책을 사보고 반응을 해야 한다. 고객이 찾지 않는 저자는 사실 저자가 아닌 것이다.

안 해도 되는 일을
너무 잘하고 있지 않은가

조직에는 두 종류가 있다. 하나는 고객을 만족시키지 않으면 생존이 불가능한 조직과 고객을 만족시키지 않아도 생존에 별 문제가 없는 조직이다. 사실 생존에 문제가 없는 조직이란 존재하지 않는다. 단기적으로 문제가 없는 것처럼 보일 뿐이다. 요즘 젊은이들이 몰리는 공무원이 대표적이다. 공무원이 그렇게 안정적일까? 공무원은 세금으로 먹고산다. 그 세금은 누가 내는가? 공무원은 누구를 위해 존재할까? 그들의 고객은 누구일까? 그들은 말로는 국민을 위해 일한다고 한다. 과연 그럴까? 과연 그들이 국민을 위해 존재할까? 난 동의하지 않는다.

원래는 국민을 위해 공무원이 만들어졌지만 요즘은 뒤집어졌다. 국민들이 그들을 위해 존재하는 것 같다. 국민들은 공무원들에게 월급을 주기 위해 뼈 빠지게 일하지만 그들은 고마워하는 대신 온갖 규제와 간섭으로 국민들을 힘들게 한다. 현재 한국의 생산성을 낮추는 제1의 원인이 바로 공공기관의 생산성이다. 일일이 거론할 필요성조차 느끼지 않는다.

교육부를 예로 들어보자. 전 국민이 그들의 고객이다. 학생, 학부모, 선생님, 대학 등은 그들의 핵심 고객이다. 무기명으로 만족도 조사를 하고 만족도가 70점 이하이면 한국의 교육부 대신 미국이나 싱가포르의 교육부가 일을 한다고 가정하면 어떤 일이 일어날까? 다음 회계연도에 교육부가 계속해서 일을 맡을 수 있을까? 만약 교육부가 하는 일을 반값에 삼성이나 엘지 같은 민간 기업에 외주를 준다면 어떤 일이 일어날까? 민간 교육기관에 위탁을 한다면 고객들 반응이 어떨까?

앞으로는 국민이 국가를 선택할 것이다. 아니, 실제 영국에서 이런 일이 일어나고 있다. 브렉시트 때문에 불안감을 느낀 기업들이 빠져나오고 있다. 최근 청소기로 유명한 다이슨이 본사를 싱가포르로 옮기겠다고 선언하자 난리가 났다. 배신자라고 욕하는 사람까지 있다는 말도 들었다. 그게 배신일

정말 해야만 하는 일은
다소 방법이 서툴러도 괜찮다.
최악은 정말 하면 안 되는 일을
효과적으로 하는 것이다.
생산성은 일을 효율적으로 하는 것 이상을 뜻한다.
생산성의 첫걸음은 고객을 의식하는 것이다.

까? 그 나라에서 사업하기 힘들어 다른 나라로 본사를 옮기는 게 배신일까? 이런 일이 한국에서 일어나지 말라는 법이 없을까? 만약 삼성전자와 현대자동차가 본사를 뉴욕으로 옮긴다면 어떤 일이 벌어질까?

생산성은 일을 잘하는 것을 의미한다. 일을 잘한다는 것은 해야만 할 일을 올바른 방법으로 하는 것이다. 영어로 하면 Do the right thing right다. 해야만 하는 일은 방향성에 관한 것이다. 그 일이 해야만 하는 일인지, 영양가 있고 고객에게 가치를 주는 일인지에 관한 것이다. 앞의 것은 효과성effectiveness에 관한 것이고, 뒤의 방법은 효율성efficiency에 관한 것이다.

정말 해야만 하는 일은 다소 방법이 서툴러도 괜찮다. 최악은 정말 하면 안 되는 일을 효과적으로 하는 것이다. 생산성은 일을 효율적으로 하는 것 이상을 뜻한다. 생산성의 첫걸음은 고객을 의식하는 것이다. 우리 조직이 왜 존재하는지, 고객들이 우리를 정말 필요로 하는지 늘 인지하고 정말 영양가 있는 일, 그들에게 도움 되는 일, 가치 있는 일을 하는 것이다. 여러분이 속한 조직은 어떤가?

참고문헌

김남국, 《BTS Insight, 잘함과 진심》, 비밀신서, 2018.

김유열, 《딜리트》, 쌤앤파커스, 2018.

김현철, 《어떻게 돌파할 것인가》, 다산북스, 2015.

도미니크 로로, 《심플하게 산다》, 김성희 옮김, 바다출판사, 2012.

《동아비즈니스리뷰》 2017년 1월 216호.

로버트 브루스 셔, 《익스트림 팀》, 박여진 옮김, 더퀘스트, 2018.

리사 헤인버그, 《집중》, 박정길 옮김, 마젤란, 2008.

매튜 메이, 《우아한 아이디어가 세상을 지배한다》, 박세연 옮김, 살림Biz, 2010.

서거원, 《따뜻한 독종》, 위즈덤하우스, 2008.

아리아나 허핑턴, 《수면 혁명》, 정준희 옮김, 민음사, 2016.

울리히 슈나벨, 《아무것도 하지 않는 시간의 힘》, 김희상 옮김, 가나출판사 2016.

윌리엄 맥어스킬, 《냉정한 이타주의자》, 전미영 옮김, 부키, 2017.

이동철·최지호·조은자·고진수·박성빈·백혜신·고정욱, 《밤을 경영하라》,
       아우름, 2015.

이병주, 《촉, 미세한 변화를 감지하는 동물적 감각》, 가디언, 2012.

존 거트너, 《벨 연구소 이야기》, 정향 옮김, 살림Biz, 2012.

칼 뉴포트, 《딥 워크》, 김태훈 옮김, 민음사, 2017.

토니 슈워츠·캐서린 맥카시·진 고메스, 《무엇이 우리의 성과를 방해하는가》,
       박세연 옮김, 리더스북, 2011.

히사이시 조, 《감동을 만들 수 있습니까》, 이선희 옮김, 이레, 2008.

고수와의 대화, 생산성을 말하다

초판 1쇄 발행 2019년 5월 31일
초판 5쇄 발행 2022년 1월 28일

지은이 한근태
펴낸이 성의현
펴낸곳 미래의창

주간 김성옥
책임편집 박정철
디자인 공미향

등록 제10-1962호(2000년 5월 3일)
주소 서울시 마포구 잔다리로 62-1 미래의창빌딩(서교동 376-15, 5층)
전화 02-338-5175 **팩스** 02-338-5140
홈페이지 www.miraebook.co.kr
ISBN 978-89-5989-587-8 03320

※ 책값은 뒤표지에 있습니다. 잘못된 책은 구입하신 서점에서 바꿔 드립니다.

이 도서의 국립중앙도서관 출판예정도서목록(CIP)은 서지정보유통지원시스템 홈페이지(http://seoji.
nl.go.kr)와 국가자료공동목록시스템(http://www.nl.go.kr/kolisnet)에서 이용하실 수 있습니다.(CIP제
어번호: CIP2019018698)

생각이 글이 되고, 글이 책이 되는 놀라운 경험. 미래의창과 함께라면 가능합니다.
책을 통해 여러분의 생각과 아이디어를 더 많은 사람들과 공유하시기 바랍니다.
투고메일 togo@miraebook.co.kr (홈페이지와 블로그에서 양식을 다운로드하세요)
제휴 및 기타 문의 ask@miraebook.co.kr